JN438205

달리는 미술관

국립중앙도서관 출판예정도서목록(CIP)

달리는 미술관 / 지은이: 김매절 외. -- 서울 : 문학공원, 2016
p. ; cm

ISBN 978-89-6577-172-2 03810 : ₩12000

한국 현대시[韓國現代詩]

811.7-KDC6
895.715-DDC23 CIP2016002594

고려대학교 평생교육원 시창작과정
2015년 2학기 엔솔로지 제6집

달리는 미술관

김매절 外

문학공원

엔솔로지 6집을 펴내며

김 순 진(지도교수)

바야흐로 고려대 평생교육원 시창작과정의 르네상스시대입니다. 강의실이 수강생들의 열정으로 넘쳐나고 있습니다. 1주일만 못 봐도 서로를 그리워합니다. 방학만 하면 서로 보고 싶어 안달이 납니다. 수료생들은 사는 곳 별로, 나이 별로, 그리고 취미별로 서로 동아리를 만들어 모이기도 하고 여행을 가기도 합니다. 친해도 너무 친해서 형제자매 이상의 친분관계를 맺고 있는데, 이는 아마도 연령과 남녀의 관계나 이해관계를 떠나서 같은 취미를 가지고 한 방향만을 동경하기 때문에 생긴 현상이 아닌가 생각합니다.

게다가 금년에는 고려대학교 평생교육원 시창작과정을 수료한 졸업생들이 총동문회를 만든다는 소식이 들립니다. 대학을 나온 사람이야 대학동문회가 그저 그럴 것 같지만 생전 대학 문턱을 밟아보지 못했던 사람들에게는 정말 귀한 모임이 될 것 같습니다. 한번 수료하면 끝인 줄 알았던 학교생활이 동문회로 이어져 서로 연락을 주고받고 경조사에 오가며 서로 작품을 내서 소식지를 만들거나 동인지를 만들 수 있다면 그것은 제2의 성장동력을 가지는 셈이 됩니다. 제가 고려대 평생교육원에서 강의를 시작한 2011년 1학기를 기수 1기로 해서 10기의 기수가 배출된 셈입니다. 부디 잘 돼서 고려대학교 평생교육원 시창작과정 출신들이 문단에서 중

추적인 역할을 할 수 있는 계기가 마련되길 바랍니다.

지난 2011년 말에 김사랑 과대표가 주선하여 창간된 1집 『모순된 말씀』을 시작으로 2012년에 류명남 과대표가 주선으로 펴낸 2집 『하늘포목점』, 2013년에 신형자 과대표가 주선으로 펴낸 3집 『겨울을 위한 소설』, 그리고 2014년에 최문옥 과대표가 주선으로 펴낸 4집 『새는 날고 꽃은 피어』, 에 이어 2015년에는 학기마다 엔솔로지를 펴내기로 하고 1학기 심상영 과대표의 주선으로 펴낸 5집 『별 세다 잠든 아이』에 이어 2015년 2학기 엔솔로지 6집 『달리는 미술관』을 김매절 과대표의 주선으로 펴내게 된 것을 매우 기쁘게 생각합니다.

여섯 번째 엔솔로지를 엮으면서 깜짝 놀랐습니다. 초창기보다 수강생들의 실력이 월등하게 향상되었기 때문입니다. 특히 지난해 말에는 배은숙 선생께서 부산일보 신춘문예 최종심까지 올라간 것을 비롯하여 윤정 선생께서 전국한밭시조백일장에서 장원을 하고, 최문옥과 김매절 선생께서 전국풀잎백일장에서 장원과 차상을 차지한 것은 매우 뜻깊은 일로 그만큼 우리들의 실력이 일취월장하고 있다는 증거가 되겠습니다. 지난해엔 목표로 했던 소귀의 성과를 이루었다고 생각합니다만 금년에는 더욱 노력하시어 신춘문예 당선자의 이름을 올리는 한 해가 되도록 최선을 다해서 가르치겠습니다. 여러분도 열심히 따라와 주시기 바랍니다.

동인지와 시화전에 참여해주신 모든 분들과 그간 고려대학교 평생교육원 시창작과정을 졸업하신 모든 분께 진심으로 감사드립니다.

2016년 2월 3일

차례

지도교수 초대시

1부

천일야화

2부

달의 세레나데

3부

사랑을 버무리다

차례

4부

기러기에게 길을 묻다

지도교수 초대시

거미와 잠자리 외 2편

김 순 진

거미가 처마 밑에다 집을 짓고 있었어요
그 곁을 날아가던 잠자리가 물었어요
거미아줌마 지금 뭐하시는 거예요
거미는 잠자리가 먹고 싶어 침을 꿀꺽 삼키면서도
속내를 드러내지 않고 태연한 듯 말했어요
응, 곧 우리 아이들이 태어날 거라서
그 아이들이 재미있게 놀라고 그넷줄을 매고 있단다
너도 한 번 타보지 않을래?
잠자리는 깜짝 놀라 간이 콩알만해졌지만
애써 태연하게 말했어요
우리 엄마는 그넷줄을 매지 않고도
공중에서 그네 타는 방법을 가르쳐주셨는걸요
태어날 아이들을 위해 만드시는 새 그네인데
제가 타서야 쓰나요
잠자리는 거미집 근처를 날면서 약을 올리다가
날아가 버렸어요
거미는 하루 종일 집을 짓느라
고단하고 배가 고프지만 그만 어둠이 몰려와서
아무것도 먹지 못 채 그냥 자야 했어요

거미가 잠을 자러 들어간 줄 아는 잠자리는
마음 놓고 그넷줄을 만져보다 그만 걸리고 말았죠

거미에 관한 몇 가지 상상

거미는 전생에 무사였을 것이다
무시무시한 검을 들고
적진을 향해 달려드는 포효가 들리는 듯하다
거미는 전생에 호랑이였을 것이다
하늘을 날 듯 집채 같은 바위를 뛰어넘으며
노루며 멧돼지를 사냥했을 것이다
제 몸에 호랑이무늬를 새긴 것을 보면 안다
거미는 전생에 목수였을 것이다
햇빛을 잘라 기둥으로 쓰며
하늘에 한 치 오차 없이 집을 짓는 걸 보면 안다
거미는 전생에 서커스단 단원이었을 것이다
그 측량할 수 없는 공중에서
조금의 두려움도 없이 거꾸로 내려오는 숙련된 곡예
그런데 거미가 그 많은 재주를 가지고도
어찌하여 숲에 숨어사는 신세가 되었을까
거미는 전생에 재산을 모두 탕진한 빚쟁이였을 런지 모른다
불한당처럼 평생 놀고먹는 팔자였던 그가
입에 거미줄을 치기 위해 잠도 설친 채
덫을 놓고 기다리는 걸 보면
어쩐지 측은한 생각이 든다

나도 글 하나 써 덧을 놓고 독자를 기다리는 중이니
어쩌면 나는 전생에 한 마리 거미였을 것이다

거미, 그 여자네 집

한 여자가 해거름에 턱을 괴고 앉아있다
나는 왜 처마 밑에 세를 얻어 살아야 할까
하늘에 밥상을 펼치고 앉은 여자
주발도 젓가락도 건건이 하나 없는 밥상에다
어제 떠놓은 잠자리밥을 마주하려니 울컥 눈물이 난다
새 한 마리만 날아가도
나비 한 마리만 나폴거려도 시장기가 동한다
땅거미는 벌써 아랫마을을 먹어치우고
미루나무 우듬지까지 손가락을 펼쳤다
오늘도 간식 없는 밤을 지새워야 하는 걸까
잔뜩 부푼 배를 붙잡고 있자니 잠이 오지 않는다
주인집 식구들은 뭐가 좋은지 마당가에 멍석을 펴더니
옥수수하모니카를 맛나게 불고 있다
백열등 불빛에 흔들리는 그 여자네 집

별이 하나 둘 뜨더니
그 여자네 집 모서리마다 보석으로 박힌다

1부
천일야화

알라딘의 환상여행 외 2편

김 근 숙

언니들이 울어대는 막내 동생을 이불 위에 뉘어놓고 양탄자를 태워준다
까르르 즐거운 웃음이 온 동네에 퍼져나간다
특별한 놀이가 없던 시절에 이불 양탄자놀이는 환상으로의 여행이었다
마법의 램프 요정 지니를 만나면서
디즈니 알라딘의 양탄자는 상상의 나래를 펼치는 꿈속 여행이 시작되었다
마법의 양탄자를 타고서 자유롭게 하늘과 태평양을 날아다니고
동화에 나오는 화려한 궁궐 속 여왕침대에 온 몸을 던져보고
가시덤불 숲속나라에 잠자는 공주를 양탄자에 태워 탈출시킨다

놀이동산에서 마법의 양탄자를 타면서 어릴적 막내동생이 되어본다
도심을 달리는 자기부상열차에는 사랑의 속삭임이 한창이다
밀어에 대한 몸부림이 공중부양 침대 위에서 달콤하다
알라딘은 진실의 힘으로 거대한 책 나라에서 왕자로 군림하게 되면서
책 나라 양탄자는 전 세계의 과거와 미래여행 안내자로 바쁘다

알라딘은 책의 미로 속을 누비며 맹자, 소크라테스와 대화를 즐기고

미모와 정절의 시인 황진이와 밀월 데이트를 해본다

과학자들과 다양한 예술인들을 친구로 사귀며

꿈이 넘치는 감성자들과 북카페와 북콘서트로 예술을 디자인한다

책읽어주는 남자와 어머니를 고용하여 세력을 확장시켜 나간다

책읽어주는 라디오로 전파를 흘려보내고, 전자책으로 전세계를 장악하는 알라딘

보는 책, 듣는 책, 손끝으로 읽는 책의 비밀은 마법 양탄자다

자유를 갈망했던 새가 양탄자에 앉아 신비로운 여행이 시작된다

책나라 왕자, 알라딘의 여행길에

16년간 손끝의 피땀으로 탄생한 팔만대장경 앞에서

양탄자는 잠시 무릎을 꿇는다

버즘나무의 속울음

내 몸뚱이가 흉측하게 보여도 가족을 위해 감내하는 것쯤이야 뭐가 대수인가

내 자식들 번창을 위해서 아낌없이 위쪽으로 영양분을 보내줘야지!

커다란 잎과 단단한 열매를 맺었으니 얼룩진 버즘도 자랑스럽다

내 평생 화려한 옷 한 벌 없이 사계절 누더기 전투복으로 견디었다

값진 희생의 대가로 내 자식들의 버팀목이 되었다

속살이 고운 자식들을 위해 방패막이가 되었다

한동안 사람들에게 그늘을 만들어 주었던 나의 커다란 이파리들

늦가을 내 몸을 태워 낙엽냄새를 사모하는 시인에게 은은한 향기를 주었고

가을밤 사랑을 속삭이는 연인에게 소리나는 융단을 깔아주면서 나는 행복했다

내 분신인 옹골찬 자식들은 사내아이들 장난감되어 사방으로 흩어졌다

내 커다란 손에 깊이 새겨진 밀어의 증인으로 어둠에 갇힌 채로 새날은 포기해야했다

뚜렷한 손금은 나의 거친 운명의 결정체인가

더러운 먼지로 나를 덮어씌우고, 내 머리도 예고 없이 이발해버린다
얼룩진 내 몸에 비릿한 뜨거운 분수가 정신을 혼미하게 할 때가 다반사다
나를 업신여긴 가느다란 전선줄에 긁은 내 몸은 자존심과 함께 쓰러진다

나는 세상에 외면당한 것이 아님을 깊어가는 가을에 알았다
내가 세상 속에 들어가 필요한 것들을 선물해 주고 왔다는 것을…

사랑의 묘약은 내 속에 있었다

강물 속 연주회

유유히 흘러가는 강물 밑을 한동안 내려다본다
어릴 적 송사리를 잡으며 웃어대던 일
두근대며 돌다리를 건너는 영상이 보인다
흙 묻은 아버지 바지와 막내동생 똥기저귀를
시원스레 빨래하던 시냇물이 아련하다
수영하다가 물뱀보고 놀라 달아나다
남겨진 고무신 한 짝이 정겹다
옛적 물가 세상은 열쇠 없는 신선한 보물창고이다
생명은 탄생 전부터 비밀리에 진행되어진다
간직해야 할 보물금고는 물속열쇠를 갖고 있는 흐르는 강물이다
소중한 생명들이 정다움으로 맑은 합창이 물 밑에서 요동치고 있다
나뭇잎배 타고 있는 개미 한 쌍이 흰빛 날개를 뽐내고 있다
물고기 가족들은 빛나는 몸짓으로 물속여행에 만족한다
개구리밥, 물옥잠 뿌리 속에서 숨바꼭질하는 버들치
올챙이 아가들의 노랫소리에 물속은 행복한 연주회다

출근길에서 외 2편

김 만 순

중랑천 둑방길 동부간선도로
차량의 홍수에 허우적대며 출근을 한다
강물에 아침산책을 나온 천둥오리 한 쌍
잔잔한 수면 위를 다정히도 간다
바람이 살포시 뒤따라간다
물결도 차마 소리내지 못하고 고요히 길을 내준다

얄궂은 클랙슨소리 정적을 깨운다
봇물처럼 밀려오는 합류지점
꼬리를 물고 앞을 재촉한다
치열한 삶의 물결이 거대한 파도가 되어 도로를 점령한다
한 치의 방심도 허용하지 않겠다고
뒤에서 으름장을 놓는다

단풍은 절정에 들어 황홀한데
시간에 쫓기는 마음이 앞만 보고 달린다
시간은 삶을 논하지 않았는데
바쁜 사람이 시간을 구실로 삼는다
저 강물 흘러 바다로 가는데
우리는 흘러 흘러 어디로 가는가
끝없는 시간 속에 뜬구름 잡고서 그네를 타네

오늘의 고향

엄마 언니 모시고 동생들 함께 고향 가는 길
비좁은 차안에 이마를 맞대고 기억을 공유하며 웃다보니 5시간 거리도 짧기만 하다
백구가 펄쩍펄쩍 낯설다고 짖어댄다
호호백발 큰집언니가 큰엄마를 연상시킨다
닮아가는 것이 어찌 식구뿐이랴
앞집 형님도 옆집 아짐도 하회탈이 되어 계신다
가을걷이한 토란이 고추가 토방 아래 뒹군다
풍족한 오늘은 배고픈 그때에 상심한다

신식 양복에 중절모 쓰시고 왕진가방 들고 들어오시는 아버지는
초가지붕과는 전혀 어울리지 않은 멋진 신사셨다
할머니가 계시는 큰집에 들러 고기며 과자며 다 내려놓고 냄새만 갖고 오시던 아버지
할머니가 돌아가시면 우리 차지가 된다고 기다린 적도 있었지
그런 아버지가 고향 뒷동산에 계신다
나 어릴 때도 멀리 계셨고 지금도 멀리 계신다
지나간 삶이 서러워 돌아앉은 엄마가 어느 결에 무너진 흙더미를 다지고 계신다

어찌 미운정만 있으랴

낯 설은 지붕들이 기웃대며 내다본다
주인 닮은 담장들이 허물어져가는 몸을 버티며 반긴다
가을빛 쏟아지는 고요한 골목에 집집마다 붉은 감들이 손길을 기다리며 쓸쓸히 농익어간다
여기저기 걸린 추억들이 발길을 붙잡는다
내가 나고 자란 오두막은 흔적도 없고 살이 오른 김장배추가 넉넉하게 자리 잡고 있다
빨래하고 요강 씻던 빨래터에 이끼만 끼어 흔적을 지우고 길을 나온 덤불들이 길을 막아선다
퍼내고 퍼내어도 퐁퐁 애기꽃을 피우던 샘물은 찾는 이 없어 말라버리고 빈집만 이고 있다
세월의 무상함이 곳곳에서 아프다
적막한 대 그림자는 빈 뜰을 지키고
외로운 기다림만 서쪽하늘을 물들인다
이제 내 유년의 고향은 꿈속에서나 보려나

꿈을 찾아서

언제 이사를 왔는지 담 넘어 그 집이 요란하다
어둠 내리면 허기도 더했다
물만 가득 찬 논배미
개굴개굴 빈 그릇 긁는 소리에
가난이 빈 솥을 채우면
문 열어 고샅길 내다보아야 했다
그럴 때면 꾸루룩꾸루룩 위장이 울었다
칠판에 글씨가 국수가닥으로 춤을 추었다
허기가 온통 집으로 달릴 무렵
자취방 언니는 그날도 언니 집에 가버리고
빈 솥만이 나를 기다렸다
밥보다 고팠던 향학의 열망
산동네 교회당 열렬한 야학을 배고픈 하마가 삼켜버렸다
굳세던 의지가 비틀거리고 파란 꿈이 파르르 떨었다
그림자도 슬퍼서 멈추고 흔들리며 검게 야위었다
그런 날이면 초록이 아름다운 단풍을 꿈꾸듯 강물이 자갈자갈 바다로 갔다
두려움은 밖에 살지 않는다
흔들리는 마음 순간을 잡아 산다
시간은 늘 기다림을 시험하고 꿈은 조건을 불허한다

하지만 바람 불어도 꽃은 피어나리라

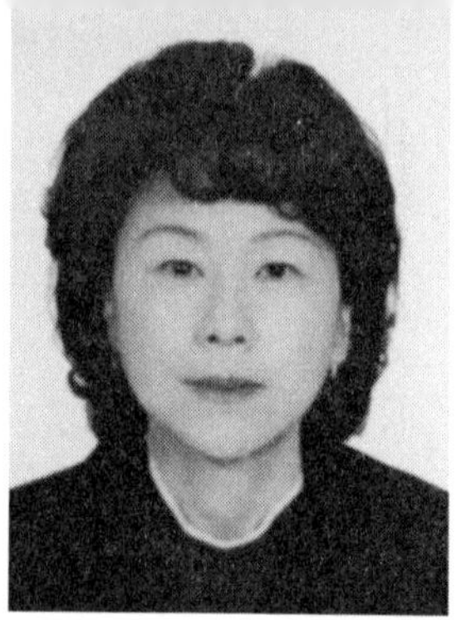

나무의 천장에서 외 2편

김 나 여

나무가 빗장을 연다
바위처럼 친근한 그의 미소가
삼라만상의 태엽을 감고 있다

나는 그의 천장에 누워 우주의 안태본에 연착륙한다
우듬지가 뿌리를 향해 정수리를 내리박은 채
모서리 없는 집들을 손질하고 있다

저만치 우주로 통하는 터미널이 보인다
갓길에는 잎사귀들이 비집고 들어와
먼지를 털어내고
새들은 나무의 배꼽으로 가만가만 숨을 누인다
억겁의 빛발로 닳아진 살들이
시퍼런 정맥으로 실룩거린다

해구 언덕배기에는
풍만해진 화석들이 기름을 토해내고
태양의 후손들이 나무의 외투에
열매를 꿰매고 있다
마침내

모래알 궤적은 미리내가 되어
하늘 꼭대기에
이정표를 펄럭펄럭 써 내려간다

공전과 자전의
삐걱삐걱 불협화음이
바퀴를 굴리고 굴려
불멸의 사리를 만들고 있다

서울두더지 아리랑

오늘도 나는 두더지 인생이다
아스팔트의 발바닥을 핥고 꾸물꾸물 기어든다

설렁탕기 채 마르기도 전
선릉역에 설렁설렁 내려
신분당선에 출근을 실었다
신누리당이 분당행으로 두집살이 뉴스 떴다
신민주당의 연대실패
연대역에서 방류했다
여의도역이 여의찮다 세금이 줄줄 샛강역에서 새고 있단다 낙선 운동한다고 낙성대역에 모이란다 내 복장의 강마른 푸념 복정역으로 뱅뱅 둘러갈걸

하지의 잠꼬대로 안내 방송 주절거린다
출근길은 급여일의 당근으로 완강히 버티고
천형의 시간은 페이폰에 쩨꺽쩨꺽 이체되고 있다
노조파업으로 일괄 안내하오니
두꺼운 귓님들은 민원 처리하시란다

– 젖먹이는수유역 젊은이는발산역 독신들은독산역 칠십노인고려대 수호신은사당역 유생들은성대역 한량들은한양대 서운하면서울대 인디밴드홍대역 환자들은약수역 벤처가는광흥창 실패자는제기역 불지른자방화역 야타족은야탑역 암행어사암사역 시위대는연대역 물대포는대치역 아이찾아미아역 경찰들은수색역 단칸살이장한평 10년살이사평역 잰틀맨은신사역 숙녀들은숙대역 임만나러상봉역 소통하러대화역 우주인은망원역 하수들은상수역 미스가는가양역

저, 잠깐만 저는 미스안인데요 어디서 내려야 되죠

웬 친절이가 안양역이라 외친다

제기랄,미스안은 미스가 아니란 소리잖아 지가 뭐 처녀라고,헛소리하네

웬 시큰둥이가 궁시렁거린다

듣거나 말거나 믿거나 말거나

꾸벅꾸벅졸음족 두눈감은명상족

두줄걸이귀마개족 킥킥실실채팅족

카더라고 카더라 무성무성 지하철

교대역입니다 기관사 교대하겠습니다 잠시 쉴 분 잠실역에서 하차 바랍니다

안내 방송이 업무에 복귀한다

– 방빼방빼방배역 버터버터버티고개 학을뗐다학동역 염장찔러염창역 사가지는사가정 떴다방은증산역 요우커족명동역 한명회족압구정 점순이는김유정역 나타샤는백석역 도연명은오류역 김소월은강변역 김동리는역삼역 공자맹자군자역

아잉, 엄마 난 어디 내려 넌 공부가 싫으니 방학동이지 친구 따라 강남역 전학올 때는 언제고. 얘야 미안하다 외가가 면목동인데 면목 없구나

목축인 안내 방송 막판에 저물어간다
– 구구팔팔구파발 극락길은공덕역 귀신들은마곡역 임산부는애오개 양치기는목동역 중산층은중앙대 이순신은충무로 YS는상도역 DJ는동교역
야아들이 므라케샀노 내가 동작역 DJ 옆집에 이사했다아이가느그 학실히 해라잉
근데 미스 그네는 그날 와 안 왔능고 몰라 갱제갱제 살린다 카던데 갱제갱제는 알랑가 몰라

가늘어진 스피크 꾸역꾸역 악을 쓴다
땀내 흥건한 지하시루 서울두더지족
땅속고래가 날름날름 삼켰다가
능글능글 내뱉는다
되새김질로 아침배는 부풀어지고
가자가자 가좌역이다
빙고빙고서빙고 돌아가는삼각지라
어귀야 어강됴리
신촌블루스에 구로아리랑이라
아으 다롱디리
자수하여 광명 찾자 광명역이다
위 증즐까 태평성대

볼과 라켓의 공동경비구역

테니스는 매일 과로사에 직면한다

우리의 심폐 소생술은 유효하다 나는 깎이고 너는 닳는다 가녀린 너의 몸이 육중한 나의 몸에 세차게 부딪친다 산산조각의 순간 나는 파르르 전율한다 나는 조련사 나의 개선 장군, 너의 허들을 재정비한다 넓은 품으로 되돌아온다 별리를 위해 매 순간 만난다 자유 계약을 찍고 유쾌하게 헤어진다

나의 힘과 너의 속도, 단거리 장거리 가리지 않고 종횡무진이다
나의 힘은 부드러움을 표절하고 너의 시간은 직진과 유턴, 좌우 회전을 꿈꾼다
너의 자전과 공전은 네모난 지구의 빅뱅이다

찰나를 낚아챈다 네 사전에 오차는 없다 비수를 꽂는다 낙하지점이 바람의 계시록을 박제시킨다 서비스 라인과 베이스 라인이 새하얀 탄저균에 넘어진다 캑캑거린다 이글거리던 태양이 호흡을 가쁘게 몰아쉬다 구름에 잠시 기댄다 사각 형틀에서 육신의 신발들이 필사적으로 나뒹굴었던 모서리는 몸서리다 흘러내린 비곗덩이가 더께의 굴레에서 탈출하여 수직 상승한다 황톳바닥이 싯누런 땀으로 미끈미끈하다

미다스와 이카로스, E = mc 제곱

테니스가 내일도 살아났다 그의 붉은 동맥은 컨베이어 벨트에 올라탔고 네트도 빗장을 풀기 시작했으며 바람은 양 진영을 도열시켜 땅의 누런 정맥까지 푸르락했다
일렁이는 광장 춤추는 코트, 테니스가 뛴다 달린다
그의 중얼거림 그래도 지구는 둥글다
남중고도가 꿈을 꾸는 한낮은 39℃
모두가 완승이다 오아시스에서는 악수만이 통한다
테니스코트는 우리들의 공동경비구역이다

꿈에 외 2편

김 매 절

해담은 수평의 선, 바다 그 속에는 경계를 가늠하는 달의 선이 있다

굳게 닫힌 사내의 너른 가슴, 허락 없이 들어서는 달, 천지에 제 몸 담그면 오글거리며 의식처럼 일어서는 각종 어류들, 바다의 귀가 열린다

밀서처럼 한 뼘씩 자라나는 바다의 나이

낙조가 몸 달구고 들어서는 달포가 되면 오래된 꿈의 인양이 해무 사이로 솟아오른다

폭풍우 할퀴고 해일이 지나자 빼곡한 수장들로 만풍을 이루는 그 곳,

부표처럼 떠 있는 연육교 걸 놓고, 스토리 16번가에 피라미드형 꼭짓점을 기준으로 보이시한 형태의 씨워킹 인공섬을 띄웠다

양쪽 게이트가 넷이요 마주보며 둘씩 거대한 유리문의 해치, 해저 스탐스시 1호점을 오픈했다

요율이 맞지 않아 망설여왔던 알레스카 무공해 제설 포장, 특허 상품을 발주 중이다

각주의 어획들이 구획선을 넘어온 환경 변화에 체면이 걸린 듯 칼춤을 춘다

한때 새가 되어 바다를 날았을 양날의 톱날 날개,

날 선 칼 위에서도 장엄하게 치켜세우던 방패막이가 도마 위에 넙죽 엎딘다

태평양을 유유하던 단단했던 근성 한 토막이

툭 잘렸다

그제서야 바다의 유영이 꼬꾸라진다

대서양의 어느 입질이 어느 입찰로 마감한 것이다

시대의 어구들이 창마다 새겨지고 사람들의

움직임은 저마다의 개설 창구를 만든다

지능 버튼 하나로 출입의 통괄을 지휘한다

검지에 공작문양 지문을 가진 시인은 자동 감지 열선이 무상의 혜택을 누리는 특혜가 주어진다

열두번 째 창 마지막 장르는 내성이 강한 남색 빛의 게르가 발산하는 치유의 궁돔 신의 게이트라 불리운다

모던한 진입로 구상을 어느 시인이 귀띔해준 덕분이라 야무진 난설이 있다

어구마다 문설주에 등을 내걸자 야자수의 해치가 여름을 부른다

수면속에 수면의 꿈이 수면위로 떠 오르면 해수의 터널 위로 고향 월영교까지 배 모양의 기차를 띄우겠다는 꿈 하나,

여보게 친구 이리 와서 내 꿈배를 함께 타 보지 않으시려나

무심

우산을 챙기지 않고 출근했던 아이에게서 기별이 온다
채비를 하고 점검으로 들어간다
세워둔 촉수들이 빼곡한 신발장 옆 꽂아둔 한 녀석의 손잡이가 힘없이 빠져 나간다
펼쳐야 구실을 다하는, 젖은 채 접힌 조문을 하자 처리하지 못한 감정들이 따라 일어선다

접은 업장의 시간은 어디에 두었는지
천상이 고운 선희 친구는 언제 보았는지
24시의 끝이 25시 편의점을 지나자 갇혀있던 생각들이 비루처럼 쏟아진다
안정장치를 부착하고 비 사이를 지나간다
뛰는 심장보다 먼저 온 기억들이 등줄기에 한소끔 땀을 내고서야 당도한다

쉼터의 작은 공간 나열된 도서,
웅크려 하나 되어진 몸
한 때 꽃다지로 라인을 그렸을 검어진 입술,
화석이 되어서야 천년 후 출입을 허락받는다

사선으로 그어진 상형 문자 받아 들고 묘약의 서책에 가루를 뿌려 본다
무심코 홀대하던 시간과 그 사이를 우르르 풍광들이 게이트를 밀고 들어선다

엄마! 편의점에서 우산 샀어요
조금씩 잘라먹던 울타리 밖의 감정이입을 마감한다

관악산

무언의 수행으로 새벽을 여는 남자
걷고 또 걸어도 요동 없는 맨발남자
뇌성의 매질에도 끄덕 없는 남자
메아리가 좋아서 울림을 이는 남자
미동 없이 친화력이 으뜸인 남자
스틱의 맛을 아는 미식가의 남자
소유권 없이도 경영자가 되는 남자
구름 입김 물감 삼아 명작을 그리는 남자
출입의 범람에도 거부하지 않는 남자
파고파도 속 깊은 양파 같은 그 남자
뽑아든 검불 사랑 경지의 남자
달빛을 품고 사는 서정의 남자
밤별의 입고로 부자인 남자
빼곤한 가슴에 위로의 남자
허리살 포용으로 창조의 남자
참담함에 올라도 우직한 남자
사계의 문설주로 완성되어진 남자
벗은 몸 그 위로 설국 세워 지킬 남자
평생, 단 한 번의 외출을 꿈꾸는 그 남자

그대는 관악의 화두,
뜨거운 상남자입니다

천일야화 외 2편

김 무 늬

어느 날 길에서 주워 든 반지 조금은 낡았지만 쓸만해 보였다
진품인가 조금은 설레임도 잠시기적을 바라지 않은 평소의 마음이 동한다
며칠을 화장대 위에 내버려뒀다
컴퓨터 자판을 두드리다 내 시선이 간 건 정말 우연한 일이었다
아무 생각 없이 반지를 손가락에 끼어 본 순간 펑, 하는 소리와 함께 검은 연기가 솟아오른다
놀란 가슴은 잠시, 찾으셨습니까 주인님 원하시는 일이 있으시면 말씀하십시오 나의 주인님!
회색빛 연기의 형태지만 분명 작은 거인이 우뚝 서 있다
아, 아니오 라고 말하려다
슬슬 장난끼가 발동 한 나는 나에게 집을 한 채 만들어주세요
아무런 말도 없이 사라졌다 나타난 작은 거인은
어느새 내 앞에 작은 정원이 놓여져 있는 이층집 한 채를 가져다 놓았다
까만 눈동자만 깜빡대는 작은 거인은 다시 한 번 시키실 일 있는지 묻고는 하였다
자동차와 멋진 골프채, 내가 원하는 모든것들을 내앞에 끊임없이 가져다 놓았다
그리고는 늘 그렇듯 눈빛만 해맑게 굴리고 있다

꿈이런가, 나의 허벅지를 몇 번이나 꼬집어보았지만 그때마다
고통만 절절히 나의 것으로 돌아왔다
이것이야 말로 쉬 말하는 로또, 대박이 아니던가
한이라도 푸는 듯 끊임없이 주문을 하였다
갑자기 찬 기운이 느껴져 고개를 들어 본다

주문이 정상적으로 완료되었습니다
이용해주셔서 감사합니다
어느새 나의 손가락엔 엔틱스런 반지 하나 끼워져 있다

가로수 이파리를 보다가

오래전 이 세상은 바다였다
거대한 물고기들이 썰물과 밀물이 교차하는 이곳을
두 발로 걸어 다니며 바다를 누볐다
그들은 수많은 전쟁을 치렀다
외세침략이 많은 그들에겐
언제든 적진을 향해 달릴 수 있는 비늘로 된 튼튼한 갑옷이 일상의 차림이었다
두꺼운 갑옷에 날카로운 창을 들고 적진을 향해 몸을 던질 때는
어느 누구도 퇴각할 수 없는 용맹한 전사였다
그들에게는 지켜야 할 백성이 있었다
뻘 속에 사는 그들은 제각기 온 몸으로 받아내는 육감이 있어
스스로 살아가는 방법을 알고 있었고 집 한 채를 몸에 지니고 다니며
욕심 없이 살아가고 있었다
그들에게도 서열은 있었다
메기왕은 강하면서 지혜로워 백성들의 훈심을 사기도 하였다
새우는 학자로써 배움이 부족한 백성들에게 문명을 가르쳤으며
문명이 발달할수록 놓아야 할 것이 있다는 것도 가르쳐 주었다
상행선과 하행선의 평행이 그들에게 발이 되어 주었다
어느 날 거대한 고래들의 등장은 그들에겐 삶의 치명타가 되었다

고래와 작은 물고기들의 타협되지 않는 싸움에 그들은 온 몸에 상처를 남기고
갑옷의 일부는 고스란히 떨어져 나가기 일쑤였다
고래와의 끊임없는 전쟁은 수많은 희생을 낳았고
제 영토를 잃어버린 바다의 세상은 어느덧 물이 없는 바다를 이뤘다

출근길 가로수에 매달려 있는 이파리를 본다
그날의 수많은 희생이 화석이 되고
저 갑옷 이파리에 그때 죽은 자들의 영혼이 주렁주렁 매달려 있다
아직도 끝나지 않은 전쟁을 기억하며

저금통장에 사는 벌레

그놈이 나타났다
사각사각 소리가 난다
배추이파리를 좋아하는 배추벌레
아무런 맛도 없는 밋밋한 백지수표도 길들여진 입맛인양 맛있게 먹는다
먹성 좋은 벌레는 동전까지도 꾹꾹 씹어 먹는다
내 통장에 한 달 치 수고의 대가가 들어오는 날은 이놈들이 포식하는 잔칫날이다
이놈 저놈 벌레라고 생긴 것들은 모두 다 찾아와 나의 통장은 낭자해진다
보다 못한 나는 이놈의 벌레들을 퇴치할 방법을 동원해본다
근본적인 문제가 무엇인지 머리에 붉은 끈을 매고 생각에 몰두한다
카드벌레 도시가스벌레 휴대폰벌레…
먼저 몇 마리의 벌레가 살고 있는지
벌레의 성향은 구체적으로 무엇인지
특성은 또 무엇이며 완전퇴치는 가능한지
그들을 퇴치할 약은 존재하는지
없다면 나만의 제조법으로 가능한지
아, 언제부터 좀벌레들이 내속에 들어왔던가

이 벌레들이 출동하는 날은 자꾸만 의욕이 없다
밥맛도 없으며 외출도 싫어진다
만사가 귀찮아지며 자꾸만 한숨이 나오는 걸 보면
아마도 나는 잎짚무늬마름병이라도 걸리는 듯 싶다
사각사각,
아직도 귓전에서 꿈틀거리는 저것

넌 또 무슨 벌레냐?

손톱의 운명 외 2편

김 석 중

어슴푸레한 달무리 속
붉은 빛깔의 상사화가 눈물짓는다
숙명처럼 남겨진 하얀 초승달 형제들
자라면 잘려야만 하는 아픈 운명을 갖고 태어났다

나는 안경너머로 무심히도 차갑게 너희를 바라본다
웃자란 형제들은 체념을 한 듯 애써 나와의 눈 맞춤을 외면하고 있다
이제 나는 너희를 하나씩 하나씩 또각또각 잘라가야만 한다
언젠가 죽음을 눈치 챈 너희들은 탈출을 감행하려 몸을 비틀고 발버둥을 쳤다
안경 낀 내 눈의 초점이 흐려지고 애꿎은 네 옆 친구 몸에서 선홍빛 피를 보고 말았다

그러나 이걸 알아야 해 두 번 다시 이와 같은 어리석은 실수는 없다는 것을
집행자로서 죄와 벌의 거창한 명분을 내걸고
사나운 아가리의 날카로운 이빨로 미움과 미련과 욕심의 죄를 베고 잘라 버린다
허상의 조각들이 말없이 툭툭 허공 아래로 떨어져 쌓인다

단단하고 딱딱한 시신을 가지런히 수습하여 작은 무덤 하나 만든 후 두 발로 꼭꼭 밟는다

눈을 감아보면 지나 온 길이 저만큼이지만
걸어가야 할 길도 아직은 이만큼
무덤만큼의 무게만이라도 내려놓아야지

잘려나간 그들의 자리에 내 영혼의
믿음을 심고 소망을 기원하며 사랑을 뿌리 내려야지
내 사랑의 별들이 별별이 박히고
내 그리움의 달들이 달달이 담긴다

낙엽에게

밤이 차다
이미 내 몸의 수분 공급도 차단되어 마지막을 짐작케한다
살거죽의 실핏줄은 더욱 선명해지고
황홀한 색깔은 주검의 전주곡을 울린다
예견은 했다
내 수명이 봄여름 지나 가을까지라는 것
미련은 없다
푸르고 찬란한 생 보냈음 됐다
죽어서도 나는 너를 본다
이슬 내리고 바람 부는 지금 이 순간
허공 속을 날며 먼저 간 내 형제들 곁으로 가자
어지럽게 흩어져 날리는 분신들
차가운 체온을 나누듯 도란도란 얘기하는 그들에게
살포시 내려 앉는다
그들은 노숙에 단련된 듯 두려움도 없고
심지어 비장한 결연함까지 보인다
바람에 불리면 날리고 밟히면 또 밟히는대로
그렇게 그냥 내 몸 자연으로 가는 것
밤이 차다
떨어진 잎새 하나 시간 속으로

바람과 함께 흔적 없이 사라져간다

아, 나의 황홀한 주검이여

뿌리

수락산 자락에 땅 위로 돌출된
나이 든 갈참나무 한 그루의 거친 심줄을 본다
이 거침없는 심줄의 근원은 뿌리
지금도 어두컴컴하고 질척한 땅속에서
밑으로 밑으로 뻗어 내려가겠지
깊은 우물에 한 줄로 길게 늘어진
두레박이 생명수를 퍼 올리듯 양식을 피붙이들에게 길어 올리겠지
내면의 고통을 침묵으로 말하겠지
힘든 발자취는 희고 흰 속살 위에
자신만이 알고 있는 시간의 궤적을 생의 등고선에 올리며
그렇게 또 오늘 하루를 보내겠지
바람 부는 허공에서 들리는 관절 마디마디의 신음소리
지하는 낮과 밤이 없겠지
가만히 귀 기울이니 나 어릴 적
배워야 산다라고 입버릇처럼 말씀하신 아버님의 음성 듣는다

뿌리는 나의 아버지이다

징검다리 외 2편

김 수 영

동무야 말없이 흐르는 저 강을 건너고 싶다면
기꺼이 내 등을 밟으렴
긴 강 저편 숲이 너에게 속삭이는 날이면
고무신 살짝 벗어들고 기꺼이 내 등을 밟으렴
강 건너 하이얀 모래사장이 오라하면
기꺼이 내등을 밟으렴
나는 어제도 오늘도 그리고 내일도 언제나 징검다리
수많은 아픔과 수 없는 시련에게도 기꺼이 등을 내주었네
지팡이 삼아 집으로 가는 나는
대체 어떤 사연이 있어 저토록 콜록이는지
나는 슬픔이 품절될 때까지
좀도둑처럼 슬픔들을 훔쳐내고 싶었네

나는 눈물을 모르는 강가에 누운 징검다리
말없이 흐르는 강물이 친구라네
동무야 내 등을 밟아봐
저 긴 강을 건너야 새로운 세상이 있다네

세 발자국

오늘도 난 어김없이 세 걸음을 떼었고
말없이 웃다가 돌아서고 말았다
작심삼일이 아닌 세 발자국,
나는 무얼 하려다가 용기를 잃고 돌아서야 했다
언제부터인지 모르지만 아는 이들은 나를 그렇게 불렀다
화가 머리끝까지 치밀고 올라와도
그 자리를 떠나 세 걸음만 떼고 나면
머리부터 발끝까지 불어오는 따스한 봄바람에 분노는 눈 녹듯이 녹아내렸다
그리고 원망조차도 난 소리 한 번 질러보지 못한 채 그저 웃었다
아무 생각 없이 아무나 하고 잘 어울릴 수 있는 재주를 익혀볼 요량으로
우선 예의나 버릇 따위를 좀 덜어내야겠다고 작심해보지만
무언가 서툴고 어색하다
나만 그런지 모르겠지만 여전히 혼자가 편하다
그냥 팔자려니 살아야겠다
세 발자국, 그랬다
나는 여전히 세 발자국이었고 지금도 그렇다
하지만 이제는 더 걸어가야 겠다
네 발자국 다섯 발자국 그리고 더 많이 걷고 싶다

활화산 같은 감정을 품어 더 많은 발걸음을 걷고 싶다
더 이상 세 발자국을 걷다 돌아서는 사람이 아닌
분명한 목적지를 정하고 그곳을 향해 걸어가는 사람이 되고 싶다
그렇게 한 걸음 더 내딛어본다

자장면이 양파에게

한 꺼풀 벗겨내고 드러내 보인
속살 하이얀 그대
두 꺼풀 다시 벗겨내고 드러내 보인
더욱 속살 하이얀 그대
세 꺼풀 또다시 벗겨내어 드러낸 곳에
여전히 속살 하이얀 그대
여러 꺼풀을 벗기고 또 벗겨 내고 또 보아도
여전한 그대의 하이얀 모습
난 그런 그대를 감당하기 너무도 힘들지만
여전히 그대의 변함없이 하이얀 모습을 사랑합니다
당신의 그런 하이얀 향기가 나에게는 무지개였고
그런 그대의 모습과 향기에 흠뻑 취해가고
그저 사랑하고 있답니다
꿈이라면 숨이 멎는 날까지
그 행복한 꿈이 깨지지 않기를 소망합니다
만일 그대가 묻는다면
내가 줄 수 있는 답은 오로지 한 가지
사랑합니다 고객님

선량한 병실 외 2편

김 태 경

침대가 여섯 개 천정을 마주보고 누워있는 선한 병실
희망이 오고 가는 불빛이 차분히 깔려있다
봐주지도 않은 텔레비전은 저 혼자 시간을 다 소비해도 간섭하는 이 없다
손님으로 이사 온 사람들은 신분증을 앞에 걸어놓고 같은 옷을 입혀놓았다
저마다 다른 훈장들을 가지고 와서 노닥거리다가 칭얼댄다
침대를 깔고 날개를 펴는가 하면 애드벌룬을 띄워놓고 침대를 뒤척이고 있다
몸 따로 마음 따로다
세상 짐 다 짊어진 것처럼 절망의 무게가 무겁다
지푸라기를 동아줄인양 거꾸로 붙들고 있다
야생초가 만병통치라고 배달부처럼 허공으로 나르다가 사이비 종교가 되어버렸다
새살이 돋아나듯이 끊어진 관심이 육신으로 향하고 마음을 만지는 약속을 한다
선한 병실은 무심하지 말자고 가르치지 않지만 뉘우치게 한다
소망과 희망이 돋아나고 착한 아기가 되어 나간다

봄꿈

사월이면 명자나무 가지 사이로 잠이 온다
복사꽃도 배시시 웃고 있다
고운 빨래 봄볕에 널어놓고 눈부신 내 꿈도 거기 걸어놓는다

나물 캐러 다랭이논으로 오가면
햇살이 등 뒤에서 제비꽃 씀바귀 냉이 달래 외우고 따라 다닌다
바구니에 몇 줌의 나물 캐어 담고 내 추억도 담는다

시들지 말라고 구덩이를 파고 묻어놓고
사금파리 주워 모아 만약이라는 새살림까지 차렸다
각시 풀 뜯어다가 아기도 만들어서
말잘 들으라고 어르기도 한다

마을에 연기 피어 내려오면 산 그림자도 덩달아 내려온다
나물 묻어둔 구덩이 못 찾고 빈 바구니 들고 가다가
논두렁 병풍치고 쉬를 한다
참았던 강물이 누어도 누어도 끝이 없이
바다가 되어 앞에서 밀려간다

일어나 밥 먹고 학교 가라는 소리에
논두렁이 아니라 이불 밑에 윗저고리까지
바닷물에 젖어버린 이 난감한 꿈을 어찌하랴
눈만 말똥말똥 뜨고 어머니를 바라본다
어머니 눈을 찔끔 감아주시니 치마폭 뒤로 숨어서
고슬고슬한 옷으로 갈아입는다

내 어릴 적 봄꿈은 오줌싸개다

천렵이란

오랜 기억 속에 그림 한 장을 꺼내보는 것
청년 농부의 휴식쯤으로 기억되는 것
이글거리는 태양이 지나는 들녘을 어망에 몰아넣는 것
물때가 있고 물고기 냄새가 나는 것
피라미 다슬기 잡는다고 강물에 멱을 감는 것
그물을 어깨에 걸쳐 메고 거슬러 오르는 남자의 뒷모습 같은 것
화물차 뒤칸을 오픈카라고 우기면서 덜컹거리는 것
그 쏠림에도 까르르 웃어대는 여유가 있는 것
어죽에 수제비 떼어 넣고 서로의 그릇에 덜어주는 것
그을린 얼굴을 마주보고 웃어 주는 것
양푼에 감자 담아내듯 푸짐한 정을 담아내는 것
어느 날의 추억 한 개 간직하는 것
그리고 두고두고 꺼내보면 맛있는 것

2부
달의 세레나데

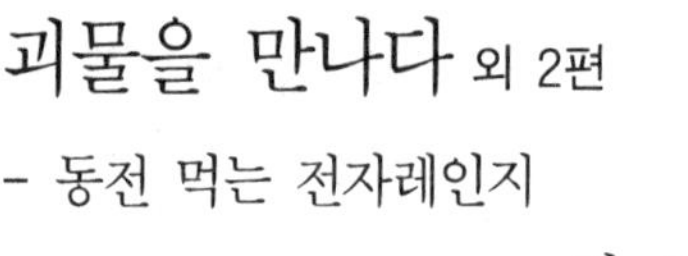

괴물을 만나다 외 2편

- 동전 먹는 전자레인지

김 태 연

각박한 세상이란 말
그 말의 뜻을 이제야 깨닫는다
잡곡밥을 들고 덜렁덜렁 휴게실로 간 나
아무리 스위치를 눌러봐도 반응이 없다
208호로 돌아와 전자레인지가 고장이라 말했다
옆 침대 간병인이 100원짜리 동전을 쥐어준다
얼떨떨한 채 되돌아간 곳
단추구멍만한 입으로 동전 한 닢 들이미니 꿀꺽 삼킨다
불이 켜지고 전자레인지가 돌아간다
목욕탕 드라이기나 병원 탕비실 세탁기만 동전 먹고 사는 줄 알았던 나
졸지에 동전 먹고사는 종자가 또 있다는 걸 알았다
순간 그가 괴물처럼 느껴졌다
아니 그들을 제작한 사람들이 어쩜 괴물일지도 모른다
두뇌를 쥐어짜내 모든 화약류나 무기를 제작하고
재앙을 불러들이니 인간의 손이 괴물손이 아닐까 싶은 생각에서다
수치 이 삼 백을 넘나드는 혈압과 당 또한
공해로 불러들였으니 이 또한 자연을 거스른 손의 괴력은 아닐까

예기치 못한 일들이 엉뚱한 곳으로 나를 몰아가는 밤
매일 인물이 바뀌고 괴이한 현상이 판치는 답답한 208호
쓰잘때기 없는 망상으로 잠을 쫓고 새벽으로 달린다

잦은 안개로 10m를 내다볼 수 없는 가시거리
연기처럼 무겁게 내려앉은 도심의 어두운 분위기
이 모두가 내 머릿속처럼 짓눌린 주초
언제쯤이면 맑은 머리로 글을 쓸 수 있을까

주천 연꽃 시화전

부슬부슬 가랑비가 날린다
특강 팀들이 주축을 이룬 문학기행이다
36~7도를 웃도는 폭염 속에 뚝뚝 땀방울을 떨군다
4대의 승용차에 나눠 타고 내비게이션 안내 따라 영월로 달린다
푸짐한 칡국수로 배불리고 폭염에 절어 고씨동굴로 고고
땀방울 훑으며 숫자 헤아리곤 경노우대자를 구분한다
동굴은 엄청난 깊이와 높이를 가늠할 수 없는 공간
꽤나 먼 거리다
산 하나가 속빈 강정을 닮았구나 싶었다
계단 오르내리며 깊이를 더할수록 숨이 가쁘다
고난 행군하듯 굴곡의 동굴을 반복해 돌고 또 꺾는다
앞에서 쿵 뒤에서 쿵 웃음이 절로난다
안전모를 썼지만 석순에 박치기를 수 없이 거듭한다
뒤쳐진 칠푼이까지 챙기는 교수님의 배려에 감사한다

서둘러 다음 행선지 주천면 행사장으로 달린다
까만 지붕 인삼밭 지나서 광활한 옥수수 밭길을 지나
섶다리 추억 얽힌 주천 시화전 행사장에 도착했다

고운 연은 몇 개에 불과하고
한물 간 연들이 추하게 늙어간다
우릴 기다리다 지친게다
울안에 갇힌 어린연이 살포시 고개 내민다
먼발치에서 튼실한 몸매 뽐내려 아름다운 연이 다가선다
반가움에 시화 배경으로 셔터를 터뜨린다
'이유'라는 시화가 나풀나풀 주인 귀요미를 반긴다
꿈 일깨워준 교수님께 감사함 전한다는 새내기
첫 시화에 설렘 그대로 열심히 쓰겠노라 다짐을 한다
함께할 수 있음에 행복해하는 귀요미의 날이다

겨울강

양수리 대교 밑 배다리 공사장 언저리
꽁꽁 얼어붙은 북한강에 바지선이 등장했다
바지선엔 묵직한 포클레인이 점잖은 듯 올라있다
왈강왈강
두터운 얼음장 깨부수고 기사님 떠나간 밤
매서운 강추위는 또 다시 드넓은 강을 꽁꽁 얼렸다
아침에 돌아온 기사님
껑껑 울어대는 그들 깨우느라 무리수를 둔다
물길 생기자 정찰병이 상공을 맴 돈다
속보라도 날렸는지
갈대숲에 숨었던 텃새들 하나 둘 돌아온다
떼로 몰려온 유치원생들
뻥튀기 빵조각을 흩뿌려준다
오리들 꿱꿱
물갈퀴 쫙 벌리고 달려들다 이마 박고 곤두박질
박수소리에 놀란 아비어미 미친 듯 달아나고
어린새끼들만 오들오들 떨고 있다
그날도 얼음장은 밤새 껑껑 울었을 테지

강가에 내팽개쳐진 허름한 나룻배 하나
얼음에 갇혀 강추위에 떨고 있다

점집(點集) 외 2편

김 태 호

점집에 들어간다 앞길에 남은 점이 몇 점이나 되는지 점쳐본다 이제껏 점 찍을 때마다 모자라는 점은 한 두 점이 아니었다 시험은 점으로 찍었다 나의 운세는 점으로 점철됐다 늘어선 점에서 맨 앞 꼭지 점까지 매일 모자라는 옥에 티는 한계점이었다 99.999점에서 00.001점찍고 눈물방울 한 점 모자라는 오점을 찍고 돌아서는 무거운 시발점, 발자국 점점이 찍고 왔다 시험장에서 너는 운명의 몇 점 찍고 웃느냐 훌쩍이는 너는 몇 점찍고 눈물방울 점점이냐 길바닥에 점점이 널려있는 자갈 같은 걸림돌의 맹점은 잠재적 문제점 점진적 점멸등이 꼬리 물고 점멸한다 빈 땅에 점을 박고 선점한 빚쟁이가 으름장이다 갚을 점은 0.001점에 찍을 건데 달라는 점은 꼭 채우란다 999,999,999 이렇게 말이다 말 안 되는 점 땀방울이 등허리 점점이 외곬을 훑어간다 너와 나의 뜨거운 가슴속 비등점은 100점이 만점이다 속이 점점 탄다 꼬리점(,)은 우리의 질긴 인연, 방방 튀는 방점(.)은 빵점. 봉주르 몽마르트언덕 타로점집 집시 그녀의 콧등에 파리똥 방점이 찍혀 있다

실패를 감다

나는 실이다
너는 나의 실패다
나는 너를 감싸야 할 짐을 지녔다
나는 너를 감아야 한다
너를 감을수록 불어나는 실패의 보푸라기를 감당할 부담도 감수한다
네가 발가벗고 떨고 있을 때 내 눈이 시렸다
너는 빙빙 돌아 내 허리를 감는다
내 허리는 좌우로 비비면서 나를 꼬아 너를 감는다
너의 밋밋한 민허리가 언덕배기 넘나들고 실금 같은 극세사도 감는다
숲이 우거진 골짜기는 뱉어 낼 숨구멍을 터주고 실마리도 잇는다
가녀린 실핏줄은 질긴 끈을 붙들어 놓아야 한다
너를 감지 않으면 실낱같은 희망도 실존의 실오라기 실감은 만질 수 없다
나는 천길 허공에서 간지러운 광대 발바닥을 매달 때만
허리 펴는 외줄기 연줄이다
그때는 감지 않는다
너의 몸 밖을 벗어나면 헝클어진 실타래는 실패의 연속이었다
너는 뒤엉킨 내 가닥을 빗질해서 다시 잇는다

나는 어쩌다 실없이 금 긋는 실수로 실패한 나를 되풀이 감았다
얼룩진 날염(捺染) 실수는 38수 겹겹이 꼬아 허리 묶은 실수였다
너는 나를 원망한다
실수한 값으로 꼬여진 너를 구슬리고 달래본다
손가락을 백발만치 비벼도 응어리 실밥은 안 풀릴지 모른다
굳을 대로 굽은 허리는 철딱서니 없는 가시덤불 철책이다
하지만 보풀 맺힌 매듭을 속 시원히 풀어 실금을 짤 것이다
나는 실 가닥이다
누에고치 잣아 명주 짜는 실크로드의 비단실 가닥이다
얼음바닥 맨발로 감아가는 노새의 꼬랑지 털실 가닥이다
누더기 봇짐지고 목화둔덕 누비는 한 날의 무명실 가닥이다
네 목이 붓고 기침하면 감싸주는 나는 스카프의 실핏줄 가닥이다

입맛은 같다

미농지에 눌러 쓴 아버지의 유서 같은 경력서와 잠가놓은 일기를 해킹한다

시루봉 자락에 돌멩이고개가* 박혀있다
원당이 소귀골 넘나드는 벚나무 길목이다
그 해는 동해건너 자욱한 안개 속에 버섯구름 움트면서 꽃샘이 매서워 벚꽃은 움츠렸다
B-29가 두려운 침탈자의 야욕은 시루봉 골짜구니에 두더지 굴을 파고
은밀한 무기 공장을 짓고 있었다
베일로 가려진 숲은 대낮도 어두웠고 가끔 노벨의 가슴 치는 메아리가 삼각산을 울렸다
한 사내가 기울어진 초가집 김칫광을 기웃거린다
핫바지 저고리가 어색한 그는 움막 거적때기를 들추고 고개를 디민다
기무치 있으무니까
어두한 그림자가 얼씬거리는 안에서 한참 뜸을 들이더니
낯익은 그녀가 치맛자락에 손을 닦으며 고개를 끄덕인다
촉촉한 눈망울에 촛불이 녹는다
간드레불빛 들고 소귀골 개울 건너온 육당*의 영상이 어른거린다

곁에는 새파란 귀뿌리에 꺾인 연필을 끼고 화약 냄새 찌든 측량 기사의 얼굴이 비친다

그들은 목마른 사람이었다
목마를 때 냉수 한 대접 컬컬할 때 탁주 한 사발 나눌 사람이었다
먹구름 너머 천둥 울 때 콩알만 한 간덩이가 하나 될 사람이었다
폭격기가 흰 꼬리 물고 머리 위를 감돌 때 같은 도랑에 코 박을 사람이었다
불벼락은 피할 수 없는 사람이었다

그들은 눈인사로 반길 뿐, 아무 말도 하지 않았다
갓 차려진 개다리소반은 총각김치 깍두기 한 보시기 옹배기엔 조롱박이 맴돈다
조선말이 서툰 그는 손가락을 걸걸하게 휘젓고 쪽박으로 쌀뜨물을 들이키며
옹배기 전을 핥고 입술을 훔친다
깍두기 한조각 총각김치 한 이파리 아삭 어석 씹는다
거적문을 살핀다 보는 눈이 없다
백운대 산그늘이 불암산을 덮는다
그는 거나하게 혀 꼬부라진 소리로 아리랑을 부른다

그는 왜란 때 도자기를 짊어지고 엮여간 도공의 핏줄이 흐르는 소귀골이나 도당말의 토박이 고추씨가 틀림없다

낮에는 이 빠진 일본도 차고 짐짓 근엄하던 그가 아리랑 가락에 목메어 돌멩이고개를 넘어 간다

난(蘭) 외 2편

노 지 윤

난 좁은 베란다에 엉덩이 디밀고 살고 있다
난 도도하고 요염해 섹시한 몸매를 맘껏 자랑한다
지나던 사람들 예쁘다 입을 모아 이웃까지 풍문이 담을 넘는다
그러면 난 핑크색 선을 세워 분홍 립스틱에 살인 미소를 던지다
나를 보는 사람들은 향기롭다며 욕심의 눈빛이 가득하다
그렇지만 난 사노라면 힘겨워 속울음에 눈물을 또르르 이슬로 굴린다
가끔 후두둑 찾아온 소낙비는 내 뺨을 후려치며 사랑한다고 말을 던진다
살며시 얼굴 들이미는 보슬비는 나 아니면 못 산다고 고백한다
쌀쌀한 바람놈은 나만 사랑한다며 날개를 펴고 슬쩍 흑심을 품는다
난 누구의 가슴을 품어야 좋을지 걱정이 태산이다
부모의 말을 거역하면 불효의 낙관이 더부살이로 들어온다
주인마님은 거실로 들어오라며 슬쩍 귀띔을 해준다
불가사리 날뛰니 단풍잎도 덩달아 나뒹굴고 있다

감나무와 대봉

나는 단맛, 짠맛, 쓴맛을 행주치마에 가득 담고 사는 대가집 종부입니다

체통을 지키고 살아야하는 종부자리는 늘 외로움을 속울음으로 달래야 합니다

나는 초록 수건 두르고 우물 안에 개구리처럼 종종거름으로 살아도 불평을 하지 않습니다

오늘은 종친회가 있는 날입니다

새 떼처럼 많은 우리들이 도란도란 이야기꽃을 피웁니다

대가집 손을 이으려면 우리들을 잘 건사해야 가문을 지키는 일입니다

어려서는 품안에 품고 살아야하는 우리들입니다

초경 달거리 후로는 붉게 익어가는 얼굴 예쁜 꽃등이 됩니다

나는 10월 상달에는 남강 꽃등축제에 초대를 받았습니다

나는 어둠이 쏟아지는 밤 별들과 함께 꽃등 축제를 엽니다

나는 담장 위에 화초호박 둥근 얼굴을 꽃등으로 밝힙니다

빼대가 뭐 길래, 가문이 뭐길래, 종손이 뭐길래,
연두색 꽃잎 머플러에 혼기가 꽉 찬 그녀들
농익어가는 붉은 얼굴을 사람들은 무척 좋아합니다

보기도 아까운 우리들의 몸값은 가끔 단풍잎처럼 우수수 떨어져 애가 탑니다

지나던 구름송이 걷어 고운 얼굴 감싸고 제 갈길 찾아 다 떠나버린 우리들입니다

나는 이제 얼룩진 치맛자락 훨훨 벗어 던집니다

나는 한생의 종부의 전설이 되고 싶습니다

장호항에서

베란다에서 바라본 수평선 꽉 막힌 가슴에 둑이 하나 무너진다
하늘이 내려와 노을빛과 악수하며 반갑단다
옥색 융단 위에 물보라 너울이 둘둘 기어온다
바람결이 굴러오는 파도를 용오름으로 하늘에 승천을 시킨다.
물결은 붉은 치맛자락 살포시 끌어안는다
두 늙은이 외출에 환영식이 걸판지다
돼지갈비 숯불바비큐 시원한 막걸리와
속마음 다 꺼내어 쏟아지는 빗줄기와 버무려 마신다
옆에 단체로 온 일행들 불꽃놀이가 한창이다
가슴에 담아온 물결 방안에 풀어놓으니 잔잔해진다
상위에 푸른 바다가 출렁인다
한들한들 해초 잎 사이로 골뱅이가 몸을 사리며 기어가고 있다
갑옷 입은 새우는 허허 웃으며 수염이 석자라도 먹어야 양반이란다
노란 거들을 걸치고 낮잠 자는 가자미가 한가롭게 코를 곤다
내 입에서는 일미의 맛이 꿈틀대며 침샘을 데리고 논다
두 눈 부릅뜬 광어가 나를 무섭게 바라본다
추워 죽겠는데 옷을 다 벗겨갔다 투덜댄다
겉옷 벗고 뼈 살 부채질을 하는 광어 눈물이 글썽인다
쌉쌀한 소주 한 잔 세상이 다 내 것이 되어준다

내 기분은 백 프로다 광어는 한풀이 해달라 보챈다

우리는 하룻밤에 만리장성을 쌓는다

달의 세레나데 외 2편

문 옥

봄이 무르익으면 밤마실을 간다
볼을 만지고 지나가는 바람이 차다
그 바람을 따라온 달빛은 은은한 빛깔의 숄이 되어 내 어깨를 덮어준다

호수로 가는 다리 위에 선다
수양버들나무 가지에 앉은 달이 말을 걸어온다
나는 호수에 빠진 달을 건져 올린다
심연에 가라앉았던 사진들이 함께 올라온다
색이 바랜 흑백 사진이다

매달 달로부터 선홍빛 편지를 건네받은 날
나의 신분은 격상되었다
세숫대야 들고 수영하던 아이는 갔다
치마 끝을 팬티에 말아 넣고 고무줄놀이하던 말괄량이도 이제 없다
쉬는 시간마다 운동장에서 땅을 사던 가시내도 가버렸다
철없는 나를 두고 긴 한숨을 내쉬던 어머니
그 한숨이 나의 빈 속을 철철 채워주었다
달이 품어준 씨앗 세 톨은 푸른 나무로 자라고

잎새를 한껏 펄럭거리며 푸르름을 과시한다
허이고 내 새끼들 이뻐기도 해라
어머니가 하늘에서 잠시 하강하시나 보다

나는 달을 따라 밤마실을 나간다
달의 맛이 달다

억새

뼈대 있는 집안에서 태어나지 못한 나는
체통을 지키려고 하지 않습니다
연두색 꿈이 무럭무럭 자라도록
아버지는 잔소리를 하지 않았습니다
야생마처럼 자라 세련미는 없지만
세상을 보는 눈은 이슬처럼 맑게 두었습니다
척박한 살림살이에서 살아나와
어디서나 기죽지 않습니다
때 늦은 가을,
몸값은 오르고
나를 찍으려는 카메라들이 줄을 섭니다
각지에서 모여든 인파에 정신을 팔다가
별이 쏟아지는 어둠에 놀랍니다
바람이 다가오면
설레는 마음이 부풀어 춤을 시작합니다
  바람과 함께 부르는 우리의 노래는
가을의 성가입니다
틈이 날 때마다 사색에 골몰했더니
빛바랜 은발은 비어갑니다
들불에 야윈 몸을 태우고 날아간 휘바람은

나의 명작입니다

온통 흔들렸으나 내가 붙든 것은 파랑새였습니다

고추꽃도 예뻐다

골목 끝에 있는 우리 집의 모퉁이에는 가로등이 서고
그 아래에는 반 평 남짓 공터다
부지런한 우리 어머니
돌을 주워와 다독다독 공구어 텃밭을 만드셨다
동네 길에 고추 심고 뿌듯해 하신다
동네 사람 다 지나다니는 길에는 꽃을 심어야지요
옳은 소리 한답시고 흰소리가 높은데
낮고 굽은 목소리로
아니다, 고추꽃도 예뻐다 하신다
결국 고추 모종은 뽑히고

차를 마시다가 화병의 고추꽃을 보고서야
우리 어머니 백 번 옳은 말씀이 동동 떠오른다
서편 어두운 구름이 오고 있다
벌써 내 마음이 축축하다

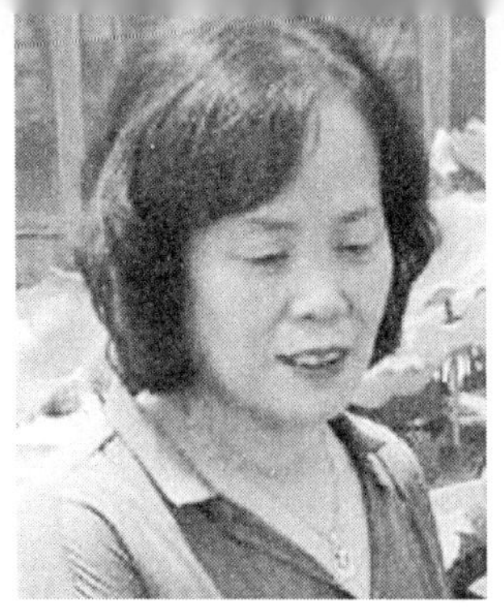

높은음자리표 외 2편

박 미 향

그는 까만 콩나물을 좋아한다
멀리 진도에 살다가
까만 콩나물 따라 상경했다
그는 날마다 까만 콩나물과 친구하며 늘 옆구리 끼고 다닌다
그는 까만 콩나물이 없으면 살 수가 없단다
오선지에 그리는 그리운 음표 따라
그는 b장조에 행복하고 d.s에 돌고 돌아
###에 눈물 흘리며 서럽고 아쉬운 시간과 투쟁을 벌인다
삼라만상이 좋다고 떠들어도
그는 까만 콩나물 대가리가 더 좋다고 떠든다
그는 늘 어머님과 누님들이 좋다고 말씨름도 한다
그는 높은 곳을 향해 발버둥치며 꼭대기까지 오르기를 희망한다
까만 콩나물 속에는 삶의 희로애락이 가득 차
저 멀리 우주로 향하는 길목에서 서성인다
그는 앉으나 서나 당신 생각에 잠겨
거울도 안 보는 여자에게
미안 미안해 미안 미안해, 노래 부른다

도라지

그는 나의 이상형이다
긴 터널에 갇혀버린 마음은 새순이 나 꽃이 피고
열매를 맺기 위해 세월 따라 흘러간다
튼튼하게 자라 세상에 빛이 나길 바라는 마음이지만
잡초 같은 인생이라서 마구 굴러다닌 시간이 안쓰럽다
그는 나처럼 컴컴한 곳을 좋아한다
그는 늘 내 곁을 배회하며 놓아주는 것을 싫어한다
목구멍이 피가 나도록 식음을 잃어버려도 그는 떠날 줄 모른다
난 그를 만나 자존심까지 토해버린다
깊은 수렁에서 건져 올린 그의 하얀 나신
나는 그를 보자마자 황홀경에 빠져버렸다

이제 그를 만난 지 오래 되어 공연히 헛기침이 나며
나는 서서히 밀려드는 그리움에 휩싸인다

가을빛에 물들다

가을 숲길을 거닐고 싶어 하늘공원으로 나서본다
노란 은행잎이 춤을 춘다
아침이슬 영그는 햇살에
산야는 가을 옷으로 갈아입는다
들녘에 물드는 황금 벼 이삭도
고개를 숙이는 가을빛에 물들었다
강가에 피는 물안개도 좋다
나들이에 여념이 없는 행인들 옷차림에도
울긋불긋 온통 가을빛이다
가을은 그리움을 또 그리게 하는 마법이 있다
아름다운 가을빛
서산에 지는 석양을 바라보며
아련한 추억에 잠긴다

대추에게 외 2편

박 현 웅

팔월 보름이 되면 여름내 입었던
초록빛 치마와 연둣빛 저고리는 벗어야 한다지
뜨거운 햇살에 썬크림을 바르지 않는다지

민낯으로 붉어진 얼굴은 수줍은 사춘기 소년이라지
스스로 둥굴어질 리가 없다지
어미의 탯줄에 의지해 있었다지
여름장마 장대비로 흠뻑 씻기었다지
초승달 달빛 따라 자랐다지
새벽녘 이슬방울로도 적셨다지
두어 달 땡볕에 그을려 구었다지
아! 그렇다지,
대목장날 좌판의 왕이라지

제사의 제물로 진설할 때 보면 안다지
밤송이는 셋이라 3정승이라지
영의정, 좌의정, 우의정
배와 감은 씨가 여섯이라 6판서라지
이, 호, 예, 병, 형, 공
한 나라에 두 임금을 섬길 수는 없다지

그래서 씨앗이 하나라지
누군들 그를 함부로 무시하랴

첫 연주

색소폰 입문한지 벌써 일 년 쯤 되어간다
색소폰은 나의 비타민이다
오늘은 첫 연주를 하는 날이다
길음뉴타운 주민자치회 가을축제에 초청되었다
지난밤에 초긴장으로 잠을 설쳤다
첫 사랑과 입마춤하듯 설랜다
마우스피스 리드에 두툼한 입술을 포갠다
두 옥타브에서 단보 위 운지가 춤을 춘다
칠순이 코앞인 영숙 옥자 태영이 누님 그리고 명중씨
막걸리 파전 홍어 무침으로 버무려 졌다
나는 '흙에 살리라'와 '꿈속의 사랑'의 악보를 그려보았다
이른 아침부터 하늘도 우리를 반기듯 구름 한 점 없이 청명하다
기차 화통소리와 뱃고동소리의 운율이 흘러나온다
릴리리 맘보, 육자백이 왈츠 탱고가 난리부르스를 춘다
그냥 넘어 갈 수 없는 추억으로 간직하고픈 날이다
귀지가 행복한 탈출을 가맹하는 날이다
그동안 동가숙서가식하던 연습실에서 보람이 익는 날이다
삼백예순날 하루같이 열정이 주마등처럼 상영되는 날이다
오선줄에 높은음표 팔분음표 도돌이표를 그려본다

이젠 백세시대다
다시 꿈의 공연을 준비하자
열등감보다 자신감 있는 삶으로
나만의 삶이 아닌 봉사하는 삶으로
인생 2막의 커튼을 활짝 거두어야지

상전벽해를 만나다

석양 노을 끝에 걸린 올 한 해도 멀지 않다
창작을 꿈꾸는 문우들이 상암벌에 모였다
2002월드컵의 장엄한 함성이 들리는 듯하다
이 아름다운 장관을 어느 누가 그 옛날 서울의 시궁창 난지도라 했던가
권율장군이 호령하던 행주벌이 지척에 있지 않던가
왜적들도 행주치마의 재주머니 전법에 혼쭐나던 곳이 아니던가
이곳이 천상 정원의 숲길만 못하겠는가
푸른 강산으로 다시 태어난 하늘공원이다
연인들 낭만과 추억의 별을 딸 수 있는 곳이다
새들도 서둘러 새로운 보금자리를 찾고 있다
바람 따라 낙엽 따라 갈대숲에서 옛추억에 잠겨본다
한강도 굽이굽이 은빛 주름치마 펼쳐진다
한낮 햇살도 갈잎에 묻어 쉼을 자청한다
쑥잎 몇 장 뜯어 손바닥에 비벼 옆 문우 코에 살짝 드밀어본다
쑥향에 취하고 삼지구엽 밀주에 취한다
한때는 서울의 뒷간 쓰레기장이라 했지만
이젠 우리의 놀이터이고 창작노트가 되었다

꽃상여 멘 동백 외 2편

배 은 숙

지난 밤 사실, 나는
바다로부터 적막을 깨는 비명 소리를 들었다
아침이 되자 이웃 작은 섬에서 전갈이 왔다
집채만한 파도가 큰 섬을 안고 사라졌다고,
백 년 만의 이별이라며 입을 모았다

나는 참혹한 비밀을 알아내기 위해 물길을 불러세운다
나는 푸슬푸슬 내려앉는 지상의 온기라는
온기는 다 불러 모아 슬픔의 입방아를 찧는다
나의 붉은 입술이 흙빛으로 변해 갈 때쯤
눈망울이 뜨거운 까마귀 떼가 내려앉는다

혼자 울지 말고 내 손을 잡아요
함지박만한 해를 지켜 주세요
당신의 고운 발에 꽃신을 신겨드릴게요

나는 길게 늘어선 꽃상여 행렬에
무릎이 닳도록 살풀이춤을 춘다

아버지와 대구

세상 살아본 바로, 고개를 끄덕여야 할 때가 더러 있다
찬 서리 내리면 들판 게으른 덤불에 불쏘시개 찔러놓고
어디 무릉도원이나 찾아볼까
그렇다, 사는 게 별 건가
대구 사촌쯤으로 아는 명태 한 마리 구워
눈알 까서 고추장에 콕 찍으면
울컥! 등대 같았던 아버지가 그립다
함박눈이 펑펑 진눈개비로 변해 몰아치던 그해 겨울날
며칠째 소식 없던 아버지는 풍랑과 사투를 벌렸는지
화석처럼 푸석한 얼굴로 대문 없는 돌담 문을 들어섰다
입이 큰 대구 몇 마리 힘겨운 손아귀에 잡힌 채
아버지와 키 재기를 하며 툇마루 추녀 밑에 매달렸다
어느 시인은 생애에서 가장 센 힘은 바닥을 칠 때 나온다고 말했다
아버지는 그 센 힘으로 8남매를 키웠을 것이다
머리통이 커서 대두어로 불리는 대구
흰 살이 매우 부드러워 소금에만 끓여도 그 맛이 일품이지
스트레스로 머리에 쥐가 난다면 잘 말린 약 대구 한 마리 찢어보시라

뚜껑 열린 소주잔이 걸어 나오고
시나 한 수 곁들이면
이곳이 무릉도원이로다 껄껄껄…

유년의 기억

오늘도 하릴없이 바다에 갔다
먼데로부터 온 바람의 세기는 그때와 달라
푸른 잔등을 베고 누워보리란 생각을 애써 지워버렸다
침묵과 고요 사이를 응시하던 어둠이 느리게 들면서
그만의 결기를 내보이려다 끝내 내색하지 않는다

비로소 나의 시간에는 등불이 켜지고 철들 무렵
오래전 기억 문이 하나씩 열리고 있었다
푸른 잔등에 실려 간 꿈 너머 수천 모래알의 속삭임
그 기억속의 입술들이 수면 위로 튀어 올랐다
세상의 온갖 소리 모두 가둔 채 서럽게 포효하는 파도에 얼굴을
적신다
달콤한 입맞춤, 살갗에 와 닿은 갯내음
오, 오! 너는 나의 영원한 친구 나의 집이여

세상 물정 모르던 그땐 그랬었지
물고기처럼 파닥이다 도시의 그늘을 찾아 떠나갔어
가슴에 도란거리는 별을 세며 돛도 노도 두려움 없이…
보라! 밤의 정적은 바람 능선을 따라 흐르고
그토록 사랑한 우리들의 아름다운 날들은 가고 말았지만,

이제 막 등 굽은 영혼의 욕망이 파랗게 일어서려고 해
뜨겁지도 차갑지도 않은 슬픔의 자루 출렁이는데
소리 내어 호령하는 파도여
나의 집이여!

줄도 줄을 선다 외 2편

백 운 수

동공 너머로 소실점을 바라본다
메타세콰이어가 차렷 자세로 낮은 하늘과 마주한다
사십만 사천사백 시간이 흘렀건만 그 자리에서 그대로다
엄청난 인내심이다
순천만의 물떼새가 유혹을 던진다
바이칼 호수로 건너던 탱크의 발자국소리도 크게 유혹을 하지만 그는
확고하게 질서를 기초한다
엄청난 인내심이다
그는 기다린다
네모난 버스를
원형 콘크리트 속의 화려한 조명을
열두 시 쯤 건네는 노부부의 하얀 국수 한 그릇을
이 가위에서 저 가위로 넘나드는 자유로운 그
영롱한 팔각형 백옥 공연장에
파리도 잠자리도 노랑나비도 헤어날 수 없도록 곤히 빠져든다
그의 취미는 보자기 놀이
잘못 매듭하면 꼬인다
꼬임 없이 멀찌감치 서서 서로를 잇고 있는
전봇대의 우정이 아름답다

화를 자르다

그의 성격은 뾰족한 하이힐이다
초입겨울 찬바람이 거세다
잠잠하던 동굴 안이 요동거린다
잿빛 하늘도 아지랑이 친다
쏜살같은 성격 탓에 그는 다툼이 잦다
뚜껑이 열린다
꼬투리 생각 하나 펼쳐본다
시간에 바퀴를 꼭 채운다
동네 강가를 거닌다
납작한 모난돌 하나
체인지업 베이스볼 던지듯 사선으로 던진다
물결이 파장파장 소용돌이 친다
바람이 머무는 작은시간
거품이 부글거린다
함지박만한 스펀지를 소개시킨다
일렁이는 그가 고요 속에 흡수된다
동굴에도 한 줄 빛이 돌아 스르르 눈꺼풀을 내린다

아늑한 빛 사이로 추억들이 헤엄친다

호주머니의 사랑이야기

곰곰이 생각 하나를 들춰낸다

들어가도 되나요
묻지도 않고 손을 집어넣었다
이것 좀 보관해 주실래요
묻지도 않고 동전을 던져넣었다
이 물건 가져갑니다
묻지도 않고 꺼내었다
그녀는 어머니 품처럼 따뜻하다
그녀는 늘 나를 포대기처럼 감싸준다
그녀는 몸에 구멍이 나도록 헌신적이었다
그녀를 닮고 싶다
그녀의 부드러운 성격을
그녀가 부럽다
그녀의 곁에 있는 수많은 동료들
그녀는 팬들이 많다
동대문에서도 남대문에서도 모란시장에서도
한 번도 허락을 받지 않았다
한 번도 안부 인사도 하지 않았다
한 번도 고맙다고 말하지도 않았다

지금 말할게
고맙다 고맙다 호주머니야 고맙다
내가 여행 보내줄게
호주에 갈려면 머니부터 챙겨라

3부

사랑을 버무리다

코앞에 닥친 일 외 2편

손 정 애

아이쿠 허리야 아이쿠 다리야
그렇게 시작된 시모님의 병환이 날로 깊어진다
어지럼증에 귀울림증까지 겹쳐와
잠 못 들어 괴롭다며 달달 볶아댄다
잠시라도 지켜보지 않으면 자신의 몸을 호되게 학대하니
눈을 뗄 수가 없다
스스로 죽비를 치고 부항을 떠
온 몸은 피멍이 들어 만신창이가 되었다
혹여 치매가 아닐까 염려스럽다
현기증에 좋다는 자라를 구하려고
삼복더위에 근동 시장을 모조리 훑는다
날로 깊어지는 병세를 걷잡을 수 없어
걸핏하면 약방으로 병원으로 내닫는다
소변 줄을 잡아 빼고 가재도구를 뒤엎는 시어머니
벽에다 똥칠한다는 말은 남의 이야기인 줄 알았는데
코앞에 닥친 나의 일일 줄이야

천신만고 끝에 다시 찾아온 평화
감사한 마음으로 오늘을 맞는다

놓쳐버린 시간

한방치료차 길을 나선다
퇴근 시간도 아닌데 도로가 거북이 걸음이다
강남으로 가려는데 영동대교 놓치고 청담대교는 숨었다
마음은 바쁜데 한파경보 울리고 눈까지 내린다
잠자는 네비게이션 덕에 삼각지 주변 맴돌다 옥수에 도착했지만
무슨 영문인지 강남대로를 휘젓고 있다
어렵게 짬을 냈건만 치료를 포기하고 되돌아가기 위해
낯선 거리에서 가까스로 강변북로 진입로를 찾아들었다
풍납동 지나 하남에 이르니 주먹만한 눈송이가 앞을 가린다
팔당대교를 건너려니 안개 낀 듯 운전조차 불안하다
힘겹게 양수리에 도착했으나 산사로 오르는
언덕길이 하얗게 눈이 덮여있다
행여 미끄러질까 엉거주춤 마음 조인다
눈이 많이 내려야 풍년이라지만
우리 도량은 쌓인 눈 때문에 온통 난리를 치른다

오이씨 전설의 부용산성

10여 년 전 전설의 고향에 방영되었던 가슴시린 사연을 기리고자
우리의 얼이 담긴 한글날을 택해 축제의 장을 연다
방귀를 뀌었다는 이유로 신혼 첫날밤에 쫓겨난 왕비
그의 몸엔 이미 새 생명이 잉태된 상태였다.
아이가 철들어가면서 아버지를 찾아 보채니
쫓겨나게 된 연유를 들려줄 수밖에 없었다
그 말을 들은 아이는 오이씨를 들고 궁궐주변을 돌면서
저녁에 심어 아침에 따먹는 희귀한 오이씨를 사세요, 외친다.
풍문을 전해들은 왕이 그 아이를 궁으로 불러들이라 명한다.
세상에 그런 씨앗이 있단 말이냐
예 있습니다.
단 방귀를 뀌지 않는 사람이 심어야 가능한 일입니다
예끼 이 녀석 방귀 안 뀌는 사람이 어디 있느냐, 호통을 쳤다.
그렇다면 어찌하여 방귀를 뀌었다고 어머니를 폐비 시키셨습니까
따져 묻자 크게 뉘우친 왕은 폐비의 입궐을 명했다
그러나 명에 따르지 않고 산성에서 여생을 마친 폐비는
이곳 부용산의 여신이 되었다고 한다.
그의 품에 안겨 갈고 닦아온 40여 년

그 터전 위에 자리한 아담한 도량에서
폐비의 생애를 기리기 위해 준비한 축제의 장이다

무수골의 개망초 외 2편

신 명 수

지천에 널려 있어 아무도 알아주는 이 없는 그녀
봄맞이를 위해 서둘러 온 세상을 새하얀 바탕색을 칠하기에 바쁜 그녀
춤바람이 난 듯한 형형색색 화려한 분칠의 여인들과 달리 늘 다소곳한 그녀
유행에 민감한 방랑객들과 달리 뜨거운 한 여름을 말없이 지새우다
가을향기 진한 여인들에게 슬며시 자리를 내어주는 그녀
흔하다는 이유만으로 때론 가슴에 주홍 글씨를 새기고 사는 서글픈 그녀
널부러진 그녀들의 무덤에서 생명력 강한 여린 꿈이 꿈틀댄다
안개꽃이 장미와 어우러지면 보는 이의 미소가 보름달처럼 차오르고
무수골 논두렁에 그녀들이 둘러앉으면 따사로운 햇살 퍼지듯
모든 이에게 순백의 어진 마음이 녹아드니

그녀는 진정으로 아름다운 최고의 여자다

통일 1주년을 앞둔 언론의 표정

2031년 봄이다
한 무리의 등산객이 개마고원의 야생화 트레킹을 하고 있다
낚시꾼 몇은 청천강 상류에서 루어낚시를 하고 있다
인산인해의 스님과 불교신도들은 두만강 하류에서 연등축제를 벌이고 있다
대동강 김일성궁전을 개조한 통일회관에서는 구름 같은 신도들이 몰려들어 연합부활절 미사와 예배드리고 있다
조간신문 통일일보 1면의 대형사진과 헤드라인 그리고 다양한 기사들이 춤춘다
금강산엔 상춘객 500만 명을 기록했다는 TV뉴스 앵커의 상기된 표정과 목소리가 싱그럽다.

통일 1주년을 기념하기 위해 초연을 준비 중인 통일행진곡
이 곡을 처음으로 일반에게 공개하는 국영 제1FM방송
그 주파수를 맞추고 신의주 행 비행기에 그들이 몸을 실었다
아시아유럽특급철도를 이용하여 베를린으로 배낭여행을 떠나는 대한, 민국, 만세 세 젊은이들은 약관의 나이다
한 달 전 대한민국 특별자치구로 인정받은 만주벌판을 향해
그들을 태운 특급열차 광개토대왕호가 천리마처럼 힘차고 빠르다

LP

나는 빙글빙글 돌아 어지러워야 살맛나는 별난 존재입니다
나는 불그스름한 조명이 있는 아늑한 분위기를 좋아하는 로맨티스트입니다
나는 제 몸을 갉아 먹으며 아름다움을 토해냅니다
나는 반복되는 삶을 살고 있지만 한 번도 싫증을 내거나 투덜대지 않습니다
나는 그들이 화를 내거나 슬픈 얼굴로 다가올 때도 반갑게 맞이합니다
나는 짧고 예쁜 우리말 이름보다는 긴 영어이름의 이니셜만으로 불립니다
나는 영어이름을 정확히 아는 사람을 접한 적이 그리 많지 않습니다
나는 한때 세상으로부터 버림받은 적이 있었습니다
나는 이제 늙어갈수록 몸값이 올라가는 골동품 대접을 받기도 합니다
나는 스스로 아무것도 할 수 없는 장애인입니다
나는 제 몸을 뒤집을 때도 누군가의 도움이 필요합니다

그렇지만 나는 행복합니다
왜냐하면 달을 뒤집으면 해가 되기 때문입니다

사랑을 버무리다 외 2편

신 형 자

따닥따닥 딱딱 무채 써는 소리
댄서의 순정 왈츠가 온 집안에 미끄러져내려 진동이다
채칼보다는 도마에서 썰어진 게 맛있다고 고집하는 남편
한석봉 어머니가 몇 번을 울고 간다
어디 그뿐이랴
양념을 노련하게 버무린 모습은 여자 셋 정도는 능가한다
늘 남편과 함께하는 버릇이 생겨 김장하는 날을 의논한지 오랜 세월이 흘렀다
둘은 세상이야기를 서로에게 들려주는 고추 방앗간을 한참이나 들락거린다
고소한 배춧잎을 서로에게 물려주며 쓱쓱 세상일을 함께 버무린다
시사도 개그도 양념과 적당히 버무려준다
작년보다 맛있는 것 같소
새우젓이 너무 많이 들어간 것 같아
이런 내 주문에 이 정도 간이 딱 됐다는 마침표 문장부호를 찍어준다
난 뭐든 남편이 좋다면 그렇게 따라간다
함께 사는 동안 아이들보다 남편 입맛에 맞는 음식을 했다
냉장고 문을 열어보니 모든 음식이 남편 위주다

주말에 패스트푸드 시켜먹는 아이들을 보면서 그때서야 느낀다
아이들보다 남편 위주로 살아 왔다는 것을
둘이 살아온 날만큼 건건한 김장 맛이 입안에 감칠맛을 돋우어 준다
삽십이 년 세월은 서로를 끈적하게 만들었다
한 번에 이루어지는 것은 아무것도 없듯이
나도 남편도 세월의 흐름에 서로에게 스미고 있다
부부는 서로에게 스미고 있는 것이 아닐까

몽돌 해변에서 마시는 가을 한 잔

수억의 파도는 몽돌의 살갗을 부빈다
밀려왔다 밀려가는 파도의 노래는
셀 수 없이 발등위에 쏟아진다
쏴아쏴 쏴아쏴 바다는 찰랑거리는 술잔으로 노래한다
몽실거리는 흰 구름에 크레파스 색 하늘을 수놓고 춤사위를 한다
여느 때보다 통통하게 피어오른다
다도해를 안고 있는 남해안 물살은
쭈그러진 어머니의 젖가슴을 닮았다
비발디 사계가 네 번의 계절을 넘나든다
나는 겨울 곡을 택했다
남도의 가락도 보탠다
접동새의 은율을 가슴에 삼켰다
옥포의 구부러진 길섶에서 하모니카를 연주한다
파도는 인간이 낼 수 있는 악기를 모조리 동원했다
계절을 바닷물에 빠뜨린다
온통 코발트빛을 가슴 위에 얹는다
해변은 붕장어와 전어의 맛을 꿀꺽
삼켜 버리고 오리발 내민다
쫀득한 살오름이 내 혈관을 타고 동료들의 추억까지 들이마신다
남해안 물결이 살결마냥 보드랍게 다가온다

햇살 한줄기 바람 한 줌이 별빛처럼 총총 가슴에 박힌다
나는 정한 눈빛을 문우들과 나눠 마신다

친구

둥둥, 푸른 배 하나 떠나 간다
빈 배로 와서
한 때 빈 배로 돌아다녔고
한 때는 만선이었던 배가 떠나간다
한 때의 과적을 견디지 못해
푸르고 맑은 바다를 배 하나 떠나간다
쉼 없이 눈비가 내리고 폭풍우가 몰아쳤을 인연의 바다
그는 쉬지 않고 돛을 달고 달렸지
끝내 항해를 이탈해 비틀거리고 닻을 내렸던 배가
이제 귀향하지 않겠노라
인연의 바다를 떠나간다

그는 늘 마음 넉넉한 선주였다
우리들은 그의 배에 탄 탑승객이었다
그의 포구엔 늘 수 많은 배가 정박했다
이제 봄바람에 순풍을 단 그 배가
55년의 수고를 내려놓고
안식의 바다에 닻을 내린다
아 우리들의 배여
이제 평화로운 포구에 닻줄을 매기를

이제 고통 없는 바다에서
풍랑 없는 바다에서 편히 쉬기를

단풍잎, 그녀 외 2편

심 상 영

해를 등진 그녀는 지난 시간을 아우라로 비춘다
연초록이 부드럽게 스칠 때면 몸이 점점 따뜻해지고
뜨거운 여름 거친 빗방울과 춤을 추었다
반짝이며 튀어 오르는 방울의 흩어짐이 그녀를 떨리게 했고
따사로운 햇살의 부드러운 스침에 눈을 감았다
바람이 불 때면
출렁이는 가슴으로 다가와 웃음짓게 하고
애정 어린 목소리로 애간장을 녹인다
쉼 없이 들려주는 전설과 천국의 노래
그녀에게 사로잡히면 누구도 벗어날 수 없다

밝은 달을 좋아하는 그녀는 언제나 무대로 다가선다
저만치 떨어진 별이 안타깝게 불러보지만
그녀의 시선은 무대 중앙에 선 달에만 머물고
속삭이는 대화는 밤을 잊는다
달과 함께 조금씩 멀어져 가는 그녀
별은 밤새 달빛에 애무를 받은 그녀를 느낀다
안타까움에 기력을 다해가는 별은
온몸을 녹여 그녀에게 스며든다

붉은 옷이 잘 어울리는 열정적인 그녀
녹아 든 별 속으로 석양이 기운다

직박구리

산골짜기에 살던 새가 도심으로 나들이를 나섰다
공터에는 많은 새들이 모여 서로 잘났다 뻐기기가 한창이다

찌예 찌예 찌오
앞으로 나선 새가 나보다 예쁜 새 있으면 나와보라 큰소리친다
산골새가 가슴을 쭉 내밀고 콩콩콩 뛰면서 근엄한 신사에게 다가간다
긴 꼬리 신사의 가슴도 콩콩콩 뛴다
찌예 찌예 삐예
산골새가 고개를 치켜들고 입을 쭉 내밀자 신사의 머리가 돌아간다

찌예 찌예 찌오
근처에 서있던 새가 나보다 말 잘하는 새 있으면 나와보라 큰소리친다
산골새가 코맹맹이 소리를 내며 잘생긴 오빠에게 다가간다
머리를 깔끔하게 빗어 넘긴 오빠의 목소리도 기어들어간다
찌예 찌예 삐예
산골새의 지치지 않는 이야기에 오빠는 말문을 닫는다

찌예 찌예 찌오
하늘로 날아오른 새가 나보다 춤 잘 추는 새 있으면 나와보라 큰소리친다
산골새가 춤은 전혀 모르는 듯이 쭈삣쭈삣 춤선생에게 다가간다
에스라인 날렵한 춤선생의 날갯짓이 수상하다
찌예 찌예 삐예
산골새의 서투른 허리 튕기기에 춤선생은 오금이 저리다

산골로 돌아가는 새의 힘든 날갯짓
그 뒤로 도시의 잔상이 은가루가 되어 뿌려진다

들꽃, 호수를 머금다

더위 먹은 나무들이 중도로 가리운 공지천에서 목욕을 한다
물장구치며 노는 풀들을 피해 머리부터 깊이 담근다
살살 간질이는 물살에 몸을 흔들어보지만 좀체 더위는 가시질 않는다
뿌려놓은 꽃에 빠진 여인의 미소
멀리로 보이는 나무들의 목욕탕
탐닉하는 눈 속에 빠진 그림이 다리를 쭈그리고 허리를 굽힌다
계절을 즐기고 있는 금계국의 가슴 위로 잠자리 한 마리 졸고 있다
설 자란 양미역취가 여인의 콧등을 비벼보지만
한낮의 더위가 지쳐 어둠이 가슴으로 내리면
나무가 지나간 물속에 몸을 담그고
떨리는 입술 위로 패랭이꽃 진주를 머금었으면

물푸레나무 타령 외 2편

오 연 복

1.
둠벙물에 풍덩실 뛰어들면 푸른 하늘이 둥둥 떠다니네
징검다리 돌 틈새로 징검다리 돌틈새로 푸르스름한 추억이 물드네
푸레푸레 쇠물푸레 밥물푸레 논물푸레 갯물푸레
푸레푸레 목간물푸레 정화물푸레 감로물푸레 치성물푸레

2.
코뚜레 설피 도리깨 되어 논밭사냥 풍작을 갈무리하네
피어오른 꽃숭어리 천사의 날개같이 보드랍게 에헤이 물결치네
달빛물푸레 옥정물푸레 한천물푸레 지장물푸레 춘우물푸레
별빛물푸레 납설물푸레 매우물푸레 국화물푸레 추로물푸레

3.
종아리를 휘감는 회초리는 스승의 가르치심을 노래하네
꽃을 품은 술 한 모금 꽃을 품은 술 한 모금 여인의 속삭임 향기롭네
어이 어이 디딜방아 방아 방아 방아 방아 옥물푸레
아이 아이 무울레방아 방아 방아 방아 방아 떡물푸레 푸레 푸레 푸레 푸레 물푸레나무

양서류들의 우체국

그들의 우체국은 철새들이 드나드는 나루터에 있었다
물오리들이 북한강 물섶에 둥우리를 지으면
그 우체국에서는 달팽이들이 기다란 소인을 찍었다
그 곳에서는 청개구리들이 집배원을 한다
산 그림자를 실은 물길에 연꽃우편배를 띄우고
강아지풀 아치 위로 농밀한 사연을 실어 나른다
집배원들은 푸른 제복을 입고 둥그런 두 눈을 껌벅이며
따르릉 개굴 따르릉 개굴 비켜나세요, 제 입으로 노래 부르며 배달을 한다
두물머리 느티나무 아래에서는 소원엽서들이 용오름을 한다
얼룩무늬영원은 국경에서 뱀들과 대치중인 두꺼비부대에 위문편지를 쓴다
귀공자 도롱뇽은 물그림자 아른거리는 빈 사진틀에 엽서를 전시한다
두물경에 걸터앉은 한 집배원이 큰 입을 벌름거리며
글 모르는 맹꽁이에게 전사자 통보의 노을빛 사연을 읽는다
가끔, 빨치산을 숨겨주던 태백산이 내려와서 검룡소의 새소리를 부치면
재빠르게 소양호를 거슬러 금강산에 동박새 울음을 배달한다
금강산이 남한강에 풍악을 드리우면

단풍치마에 개구리밥풀우표 붙여 마포나루로 향하는 곳
그 우체국에서는 호도독호도독 돋아나는 사연이 천리 물길을 수놓는다

시인은

그는 양수에서 헤엄치는 태아요 야심찬 사춘기다
가을바람에 달콤한 연서를 써갈 때의 그는 그리움을 흘림체로 쓰는 감상주의자다
그는 결혼행진곡에 사임당을 초대하고 뒤풀이에 황진이를 앉히는 한량이다
팔순 노모의 지팡이를 붙들고 옹알이를 하는 그는 응석받이다
그는 불룩한 달마의 아랫배를 애드벌룬으로 띄우는 행위예술가다
때로는 축지법을 구사하고 분신술도 펼치는 그는 염력 높은 오공이다
그는 성당에서 목탁을 두드리는 넉살꾼이다
미켈란젤로의 공원에서 마릴린 먼로의 치맛자락을 다듬는 그는 조각가다
그는 브루즈 칼리파 163층 위에 남대문을 지어 올리는 건축가다
춘삼월에 국화 향을 벗 삼고 구시월에 매화꽃을 터트리는 그는 일류 원예사다
그는 계곡물소리를 베게삼고 뭉게구름으로 이불 덮는 선인이다
틈새를 비집어드는 빗물을 기웃거리며 바위의 역사를 빨아올리는 그는 돌양지꽃이다

그는 잉걸불로 분수를 쏘아올리고 빙하수로 쇳물을 달구는 생뚱한 연금술사다

공룡과 스포츠카를 경주시키고 이스터 섬과 라스베이거스에 연육교를 놓는 그는 몽상가다

그는 마그마를 두레박질하고 히말라야 만년설로 백설기를 빚어내는 희대의 마술사다

우지끈 뽑아든 메타세쿼이아 붓으로 우주에 꽃그림을 수놓는 그는 환쟁이다

그는 천수관음 천 개의 손바닥을 오가며 춤을 추는 향나비다

시로 시를 쓰다 외 2편

윤 경 옥

김순진 시인님의 시를 쓰는 이유와 왈츠를 추며
시로 고운 세상을 만드는 이유를 알았다
비에 젖은 꽃길 속에서 바람난 분홍빛 드레스를 입고 놀다가
김태연 선생님이 생각나 전화를 건다
갑자기 사는 게 무엇인지 궁금해진다
이병옥 선생님의 산다는 것에 슬픈 숨을 쉬며
가슴 멍멍한 깊은 붉은 파도를 탄다
김무늬 선생님의 새 드러눕다를 펼치며
물고기가 새였을 거란 궁금증도 풀어본다
나의 추억세계는
박현웅 선생님의 달콤한 포도의 맛 대신
초등학교 때 설익은 포도를 몰래 따먹던 눈 떨리던 신맛을 느낀다
다양한 시인들의 시로 춤추는 나는
김석중 선생님의 치자꽃 사랑을 가슴에 엉기며
그래 시는 못쓴다 치자
김태호 선생님의 문고리처럼
아무 시인의 시나 사랑으로 노래하는
나는 시낭송이 헤픈 여자다

시낭송을 한다는 것은

가슴을 헤집고 나온 설렘 감동 설움의 나락에 스며있는 감성을
가슴에 휘몰아치는 아림의 펜으로 여리게 노래하는 것이다

단어에 리듬을 묻혀 가슴 흔듦으로
우주공간에 맨 그네를 타고 춤을 추는 것이다

쭈뼛거리는 영혼을 손잡고
한 발 한 발 당신의 가슴으로 스미고 번지는 것이다

시를 낭송한다는 것은
당신과 나의 영혼이 알몸으로 하나가 되어

숨 끝에서 살포시 내려앉으며
사랑의 향연을 여는 것이다

웃음아 놀자

웃음의 열정 긍정의 여신 김선옥 선생님의 웃음
잔잔한 미소의 부처님 박장대소 손정애 선생님의 웃음
세련된 함박 꽃 서금자 선생님 웃음
친정어머니 같은 따뜻한 손길과 눈길의 여운 김태연 선생님의 웃음
노래의 선율을 타고 넉넉한 마음으로 가슴을 울리는 유노리 선생님의 웃음
강인함과 부드러움의 행복독립의 나팔소리 김동민 선생님의 웃음
보석처럼 찬란히 빛나는 아기 천사 김혜정 선생님 웃음
가슴에 숲 속 이야기 담고 우주의 파장을 스미는 장태산 선생님 웃음
호탕함속에 애틋함이 메아리치는 장광희 선생님 웃음
사랑과 배려 섬김의 맵시 전규리 선생님 웃음
자연의 쑥 향기 가득 담은 홍석길 선생님 웃음
해맑고 귀엽 가득한 소녀 노선희 선생님 웃음
그리움으로 귓가에 맴돌고 눈가에 아련한 박태환 선생님 웃음
자연사랑 내음 품어져 나오는 조광하 선생님 웃음
보고픔 등에 지고 활기찬 에너지 유성현 선생님 웃음
늘 수줍게 고개 숙여 발끝 보이는 이미영 선생님 웃음

선생님들의 웃음소리는
무지갯빛 행복세상만들기입니다

달리는 미술관 외 2편

이 병 옥

나는 말이야
풍경을 움직이는 미술관이야
밀물처럼 밀려드는
손님을 단숨에 꿀꺽꿀꺽 삼키고 달리면
덩달아 마을이 달리고 강산이 달리지

간간이 멈춰 서서
손님들을 삼켰다 토해내기를 반복하는
살아 있는 미술관이야
봄이면 창문마다 봄 풍경이 달리고
저녁이면 저녁 풍경이 달리지

여름은 시원하게 겨울은 따뜻하게 앉아서
계절의 변화를 감상할 수 있는
달리는 미술관이야
이름은 경춘선 청춘열차
내가 달리면 시간도 나만큼 따라 달리지

궁전이어라

사내들의 금지구역인 줄 알았던 부엌이
언제부터인가 부엌보다는
주방이란 이름으로 즐겨 불리더니
덩달아 집 안 밖의 문지방이 슬며시 사라졌다
큰 집 작은 집 새 며느리 들이고
아들이 며느리보다 더 자주 들락거린다며
저러다 제대로 기나 펴고 살까 쯧쯧
속마음 짠하다가도

그래 차라리 궁전이어라
왕비처럼 모셔야 왕이 되고
왕같이 섬겨야 왕비가 된다는 말
서로서로 명심하고
귀하게 모시고 섬기며
행복한 왕이 되고 왕비가 되어라

그럼 손주들은 저절로 왕자 공주가 될 테지

속알머리, 주변머리

울창한 숲일수록 가지치기를 해야
나무가 제대로 자라듯이
미장원에서 가끔 솎아내던 머리숱이
언제부터인가 저절로 술술 빠지기 시작하더니
속알머리 살리기 운동을 전개할 지경에 이르렀다

속알머리 없는 걸 감추려고 한 짧은 파마머리
친정엄마가 거울 안에 앉아 계신다
문득 생전에 하시던 말씀이 생각나 피식 웃는다
젊어서 뜨거운 걸 하도 머리에 이고 다녀서
머리숱이 다 빠져버렸다는 푸념에
그때는 정말 엄마의 머릿속이 그래서 훤한 줄 알았다
그럼, 한 번도 뜨거운 걸 머리에 얹어본 적 없는 난
왜 속알머리가 없는 것일까
엄마의 시집살이 넋두리도 뻥이 좀 들었다고 봐야겠으나
그런 엄마를 거울처럼 닮아가니 어찌할거나

속알머리 없는 엄마를 닮은 나나
주변머리뿐인 시아버지를 닮은 남편이나
순전히 조상 탓, 세월 탓이었구나.
부모님의 장점만 닮으리라던 당돌한 다짐은 어디로 갔을까

시래기 외 2편

이 형 근

어둠이 낳은 새벽
나는 이슬로 시침질한 홑청을 두르고
안개로 박음질한 이불을 덮는다
시간이 맹점인 줄 알은 게 그리 먼 일이 아니듯
겨우내 묵어묵어 새롭게 저며온 아픔이
나에게만 있었는지 알지 못했다
끈질긴 삶을 거꾸로 매달아 놓은 지 오래였건만
곰삭은 사연은 떨쳐내질 못했다
공허한 바람 속에 회의와 분노를
휘파람으로 날려 보낼 여유가 이제야 생길 줄이야
허니문의 기억이 망각의 시소를 탈 때쯤이면
서리에 경성드뭇이 기어낸 내 몸뚱이가 데쳐 녹아진다
찬바람이 불 때면
누군가는 배고프다고 누군가는 향수였다고
바싹 말라버린 나를 찾아 또 다시 불러 세운다.

하루인생

24시 엘이디 간판이 인디밴드가 되어 새벽을 두드린다
구석구석 차려 입은 누더기는 점점이 박힌 흉터처럼
남구로역 교차로를 따라 삶의 능선을 도리질한다
어둠을 삭이는 희멀건 빛이 곤한 춤사위를 벌리면
차디찬 공기는 폐부를 찌르고 움츠린 바람풍선들이 옹기종기 모여든다
펄럭이는 시선이 스펙을 따져 묻는다
소금에 절여진 불안이 정수리를 힘들게 붙잡고 있다
순간, 경험과 숙련된 기술이란 잃어버린 말을 찾아 포장한다
미묘한 흔들림이 교차하한다
손가락의 작은 신호에 번호가 귓바퀴를 타고 메아리친다
주춤거리던 출입문이 따라 나선다
휴… 하는 한숨의 땟국물이 눈 자국을 찌른다
허기를 메워준 휴식 없는 입술
지금은 만사 오케이라며 마냥 좋아 중얼거린다
사그락사그락 시간을 밟으며 걷는다
오늘 따라 다급해진 추위를 달래면서 서성댄다
잃어버린 것들을 담아내려는 안타까움이 어슷하게 자리하면
한바탕의 리허설이 끝나고 탈진한 배낭이 어깨 한 켠을 짓누른다

지나가는 바람처럼 그저 그렇게 살려고 기억의 단식을 놓은 지 오래였건만

나는 서로 다른 시간에 맞추어진 채 톱니바퀴처럼 돌고 있다

채워지지 않은 또 다른 바람풍선은

막걸리 한잔에 허탈한 사연을 찾아서 허공을 가른다

노숙

어느 빈 가을
공원 벤치 위로 널브러진 고단한 흔적을 만난다
발목이 묶인 의자는 끼니를 잊은 채 정오를 넘기고 있다
비릿한 숨소리가 문턱을 지나온 따가운 햇살 사이로 할딱거린다
기억의 맨발이 돌아올 때쯤
깔깔한 입안의 골판지는 흐릿해져가는 입맛을 삼켜버리고
캑 캑, 강기침에 심장에서 올라오는 누런 타액을 분비한다
꼬깃해 모가지가 부러진 꽁초를 집어 몸을 사른다
적막이 누운 자리에 또 다른 적막이 찾아들면
천당과 지옥을 오가는 빈 박동이 허공으로 떠돌아다닌다
진흙땅 같은 절망이 손을 뻗으면
잃어버린 지난밤은 깨지지 않을 영원을 꿈꾸며 모로 눕는다
술 마시고 보는 인생살이에
'장수'를 기대했었나 '대박'을 소망했나
소리 없이 취한 초록 막걸리 병이 굳은 채 고꾸라져 있다
아무렇지 않게 세상이 푸르렀다가 아무렇지 않게 세월이 붉어진다

이제, 힘없는 가을이 벤치 위에 수북이 쌓이면
햇살은 노숙의 흔적을 집어 들고
무거운 발걸음을 끌면서 빈 시간의 능선을 넘어가겠지

4부
기러기에게 길을 묻다

플라타너스 낙엽 외 2편

이 혜 숙

신사동 가로수 친구가 편지를 보내왔다
익어가는 가을처럼 연인들의 사랑이 절정이란다

내 몸에 기대어 포옹하고 키스하고 제 몸에 시를 쓰고 놀다가란다
지금은 책 속에서 독서 중이란다 상팔자에 안식처까지
안부 인사치곤 자랑이 늘어진다
광장시장 입구에 사는 나는 부럽기만 하다
오늘도 어제처럼 시끄럽게 붐빈다
내가 있는지 없는지 모른다
새벽이슬이 온몸을 씻어줘도
나는 금방 먼지 옷으로 입혀진다
요요한 젊음 어디 갔을까
어느새 빛을 잃은 까칠한 나를 눕히고 있다
할머니는 벌써 몇 해째 보도블록 난전에 웅크려 앉아서
뻣뻣한 갈쿠리 손으로 파를 다듬고 있다
비바람치고 눈이 내려도 그 자리다
빨간 고추대원 옆을 지키고 있다
누렇게 뜬 고달픈 흔적, 주름살 너머 내가 보인다
바람은 차갑게 내 옷을 하나둘씩 벗겨 내동댕이친다
슬픈 내 허물 구르고 채이고 밟혀 널부러져 있다

단풍이 회심의 미소 짓는다
거리의 노래가 제멋대로 엉켜져
소음만 요란하고 매연에 숨이 차다
먼지로 덧칠된 뺨은 본연의 색을 감춘 지 오래다
감수해야 할 일이지만 두터워지는 화장이 답답하다
변덕스러운 인간들
여름엔 나를 찾고 겨울이 되면 나를 버린다
거리에 매달려 세상 얘기를 듣고 흘리기를 반복 생각들이 쌓여
간다
점점 조여 오는 이별
돌아갈 때가 온 걸 알지만 서글픔에 멈춰서 허탈하게 웃는다
나처럼 갈 때가 다 됐나 보다 하며
긴 한숨을 내쉬는 할머니가 펴지지 않는 허리를 연신 두드린다
슬퍼하지 말자 필연인 것을
영원하지 않는 삶에 또 다른 시작을 위한 무언의 여행
내가 가야 봄은 온다고 또다시 편지를 쓴다
씁쓸한 가슴 안고 빨간 우체통 앞을 서성이다 지나간다

과제 장난

-자음 순으로

골치 아픈 숙제 풀지 못한 미제
내가 못 해도 받아줘 나의 사죄
내가 못하는 건 무죄 나를 모르는 건 유죄
다가오는 수업일 돌아버릴 순간
더디게 빨리 가네 줄어드는 시간
라디오스타처럼 불러볼까
라이벌 스팀 받아 울려볼까
뮤즈를 찾아서 가는 산 정상
매직이 이뤄지나 헛된 상상
비수처럼 날카로운 촉수들 비상
비 맞은 낙엽처럼 초췌한 몰골 진상
사랑해 애교 작렬 돌아온건 젠장
사부께 한수 부탁해도 네가 해라 염장
어쩔 수 없는 백지 내 머리 막장
지금은 아무 생각 안나 씨, 미워
쥐날 정도 못난 안나 씨 정말 미워
초라한 술상 지금부터가 술 시
처음처럼요 하고 이슬 보며 푸는 술시
커다란 가슴 숨 막히는 짓누른 가슴
코 박고 머리 묻어도 감당 못한 가슴

탄로 난 말장난 이젠 진퇴양난
피 터지는 과제 이제 그만해 장난
피 같은 시간 퍼즐 마친 내 날씨는 온난?

화통하게 웃는다 화나 미칠 노릇
환하게 밝아졌다 환장할 노릇

버선

그녀를 처음 본 순간 설레는 마음에 가슴이 두근거렸어요
부드러운 곡선 하얀 얼굴 오뚝한 코
뽀송뽀송한 피부는 꼭 나를 닮았거든요
국화꽃향기가 진동하던 어느 가을날 그녀와 동거하게 되었네요
새벽닭이 울기 전 일어나 곱디고운 그녀가 내게 들어오면
내 몸은 무아지경으로 빠집니다
파고드는 온기로 나를 데우고 가느다란 손으로 어루만지면
이것은 꿈이라고 생각했어요
그녀가 움직일 때마다 모든 게 반짝거렸고
그녀는 손맛 혀끝을 녹이는 가히 환상적이었지요
그녀와 한 몸이 되는 날 나는 비로소 태어난 기쁨을 느끼게 됩니다
휴식을 주지 않는 부지런한 그녀는
달빛을 태우다 쓰러지기 전까지 멈추지를 않는다
살갗이 벗겨져 속살을 들킨 나는 아픈 숨을 몰아쉽니다
헤어져 가는 내 몸, 야위어가는 그녀
가뭄에 논바닥 갈라지듯 벌어진 그녀의 거친 발바닥은
까칠하게 날카로운 비늘되어 내 몸을 할퀴고 비벼댑니다
너덜너덜 상처난 나를 그녀는 하얀 조각 덧대주며 소리 죽여웁니다

눈물나도록 고왔던 그녀는 초라하지만 강한 여인입니다
자식을 위한 끝없는 사랑은 눈물겹습니다
모진 고난 속 남겨진 것은 내 누더기와 그녀의 쉰 머리카락
그녀와 나는 정화수 떠놓고 기도합니다
그녀는 주름진 이마에 거친 손 곱게 모아 정갈하고 온화한 미소를 짓습니다
그녀가 떠나면 나도 안식에 들어갑니다
장롱 속 아늑한 휴식은 정말 편안하지만
나는 오늘도 그녀의 체온을 기다립니다

들고양이 외 2편

임 진 이

하룻밤 이별이었을 뿐인데
그녀가 저만치 앞에서 맨발로 뛰어 마중나온다
이리도 반기는 것은 외로움의 흔적이리라
그녀의 속내는 알 수가 없다
한발 다가서면 귀찮은 존재인 듯 살기 띤 눈으로 줄행랑치더니
오늘은 단숨에 달려 나와 뛰듯이 반겨주다니
이거야말로 아이러니다
한 끼니 공양이 그리 몸에 새겨지더냐
허기진 뱃속이 죄로구나
난들 네가 마음에 드는 건 아니다
풀린 듯한 그 눈길이 부담스러워 외면했던 거
너도 눈치는 챘겠지
만삭의 몸을 뉘인 잠자리는 춥지는 않았느냐
집나간 야속한 서방이 행여 올까 된서리 맞으며 떠돌지는 않았는지
그녀가 뒤집어 보여준 속내에
미워할 수 없어 사랑 주고 빵을 준다

언덕 위 하얀 집에 사는 그녀는
지금 쯤 무얼 하고 있을까
오늘도 목 빼고 나를 기다리려나

붉은 정열이 좋다

불러주지 않아도 찾아와 준 그대가 눈물 나게 고맙습니다
임이 아니면 훈풍에도 가슴이 시렸을 터입니다
705호 여자가 큰 가방을 요란하게 끌며 집을 나섭니다
개울 건너 마주 뵈는 산, 머리가 수상합니다
아무래도 둘이 눈 맞은 듯합니다
걷잡을 수 없는 불길이 옆집으로 번집니다
90노모 봉양하던 이집 안주인 ,
늙은 애마 등에 업혀 산으로 가려나 봅니다
그곳엔 그녀만의 밀실이 있으니까요
눈치 빠른 바람이 손목 잡고 같이 가자 꼬드깁니다
뭐야…?
방금 전엔 옷을 갈아입은 나뭇잎 붙잡고 수작질하더니만 지조도 없구먼…
궁시렁대며 그냥 못 이기는 척 총총 따라 갑니다
중턱쯤에서 숨을 고릅니다
뒤돌아보니 따라온 발자국이 가쁜 숨을 몰아쉽니다
가득 찬 현란함에 어지럽습니다
이쯤에서 질펀하게 한바탕 판을 벌여볼까요

대목장날

닷새에 한번 서는 초지장은 늘 북새통이다
엿장수 가위질 품바타령이 도떼기시장의 아수라장을 부추기고
사각거리는 동태 살점 떨어지는 소리를 박수무당이 야금야금 먹어들어 간다
땀 흘린 터전의 일등 공신들이 이름표에 제 몸값 붙이고 내로라 하며 까치발로 서있다
떡집 툇마루엔 송가 문중들이 소담소담 종친회를 하는 모양이다
천 원짜리 잔 떡기 막걸리 집엔 안주가 공짜다
민초들 한 잔 술에 들어가면 나랏님도 안 부럽다
대목장인데 그릇 하나 골라볼까
빨리 끓는 양은 냄비를 살까
뭉근히 깊은 맛을 내는 뚝배기로 할까
원주댁 얼굴이 햇볕에 벌겋게 상기되고 있다
아즈매 부르는 소리 뒤로하고
뚝배기 하나 굴비 한 마리 달랑 들고 쫓기듯 떠밀려 나온다
휴우, 살았다!

쑥부쟁이의 노래 외 2편

임 진 환

1.
겨울바람은 그녀의 안부가 궁금하다
새벽길에 울다 지쳐
얼굴엔 노란꽃이 피었다지
달빛 그림자는 출렁거리는데
대장장이였던 아비는 어디 갔을까
차가운 달빛에 길을 물으며 걷고 있다
이슬에 젖은 그녀의 발목이 시리다

2.
쏟아질 듯 차오른 보름이면
바윗돌 같은 그리움으로 묻는다
언제 날 위해 울어준 적 있느냐고
스님이 된 지아비를 기다리다 지쳐
가을 들판에 그리움으로 찾아온 그녀는
오늘도 하얀 그리움을 토해내고 있는데
약속한 겨울바람은 그녀를 부추기고

막차

술 취한 버스가 비틀거리며 온다
졸린 눈을 비벼가며 연신 하품을 해댄다
오늘 밤도 술의 유혹을 뿌리치지 못하고
소주 맥주 막걸리 와인에 폭탄주까지 마셨나 보다
술에 씻겨 초점 잃은 눈빛 가득 싣고
술독 같은 막차가 온다
술독에 빠진 사람들을 태우고 구불구불
술 취한 산모롱이 길을 흔들거리며 주정을 한다
아무도 받아주지 않는 술 취한 버스를
종점은 말없이 아랫목에 뉘이고 불을 끈다
가로등도 그제서야 안심이 된듯 환하게 웃는다

플라타너스 낙엽의 추억

우리도 한때는 몸값 자랑하던 시절이 있었다
어느 누구도 우리를 업신여기거나 천대했던 적은 없었다
커다란 자루에 보쌈까지 해가며 서로 우리를 데려가려고까지 했다
우리는 집집마다 부엌 한 켠에서 겨울을 났다
끼니때가 되면 밥을 지었고
추운 날은 온몸을 불살라 방구들을 데웠다
허나 지금은
앙상하게 뼈만 남아 마를 대로 마르고
누렇게 병색이 깊어져 차가운 시멘트 바닥에
누워있는 우리를 반겨주는 이는 아무도없다
사람들의 발에 밟히고 치일 때마다
뼈가 으스러지는 아픔을 그 누가 알리
구르몽은 시몬에게 물었다지
낙엽 밟는 소리가 좋으냐고
바람에 이리저리 날려다니다
시궁창에 빠져서 허우적대던 우리는
결국 썩어 없어지고 말 것이다
어쩌다 운이 좋으면 공원 벤치 의자에 누워
따사로운 햇볕에 병든 몸을 뉘일 수 있겠지

오늘도 구르몽은 우리를 아프게 한다

마네킹의 변천사 외 2편

전 하 라

비바람이 몹시 치던 날 미용실 문에 목을 건다
뱀파이어 염색보를 두르고 뾰족니 없는 약을 바른다
붉은 색을 눈으로 마시며 머리로 색이 든다
붉어지며 유독 쓸쓸해 보이는 그녀가 눈에 띈다
미용실 귀퉁이에서 머리를 숙이고 있는 그녀가 아파보인다
어둠을 깨어먹은 붉은 페라리처럼 쏠려간다
그녀에게 무슨 일이 있어났던 것일까
레이어커트머리 사이로 뒷목이 붉은 사슬에 얽혀 있다
외로움으로 치닫는 슬픔을 커트하고 있다
헝클어진 머리카락을 눈길로 밀며 그녀에게로 다가간다
하얀 슬픔이 빗길에 딸려나가서 뒤뚱거린다
몰래 그녀를 지켜본 지가 10년이 지났지만
한 번도 말을 건네지 않는 그녀다
내 마음에 짙은 노을로 물들 줄 몰랐다
나의 눈을 의식했는지 점점 더 숙여지는 그녀의 머리,
깁스한 쇠목 사이로 쇳소리가 저벅거리며 고여든다
베스트 패션가이의 꿈이 머릿결에 물든다

하늘공원
-지구정거장

하늘공원에 억새바람의 고개가 갸우뚱하다
하늘다리를 건너 오르니 하늘이다
화성인들이 우주선을 타고 우르르 내리고 우르르 오른다
공기 좋은 지구를 향해서 화성에서 날아온 스페이스맨들이다
한글이 외계어보다 좋아서 구글번역기에서 들리는 '안녕하세요'를 따라서 한다
지구에 막 도착한 그들이 바로 볼 수 있는 곳은
하늘과 맞닿은 스카이 파크다
우주를 통틀어 가장 많은 갈대와 억새숲이 있는 지구에 입성한 그들,
가을만 되면 수많은 우주에서 몰려와 지구정거장에 내린다
지구에서 잠시 고개가 갸우뚱 바람이 자라는 곳으로 기운다
지구에서 계속 생성되는 공기를 들이마신다
지구의 국제우주정거장과 톈궁1호가 궤도를 수정하고 있다
우주에서 어떠한 것에도 영향 받지 않는 산소를 마시러 투어를 온 그들

오늘도 하늘공원 레이더에는
별처럼 많은 우주선들의 오르내림이 포착된다

도굴자

아버지가 논바닥에 볏단을 쌓으라고 하면
오빠들과 나는 볏짚 우산굴을 만든다

터널 안으로 일곱 명의 도굴 자들이 들어간다
헤드랜턴 불빛이 굴속에서 보글거린다
1-1번에서 굴을 서서히 파들어간다
8-3번에 보물이 있음이 지도상에 표시되어 있다
927번지 원산굴 근처에서 좌회전 우회전 직선으로 간다

논에서 일을 하며 껄끄러운 볏단에 긁히면서도 웃음굴을 판다
얼마 후에 벼가 어느 정도 마르면
벼 타작을 하기 위해 가장 평평하고 넓은 논에서 타작을 한다
아버지는 우리들에게 가장 멀리 있는 볏단을 들고 오라고 한다
오빠들의 손에는 두 세 개의 볏단이 있고
내 손에는 겨우 2개를 들고 가을 타작을 돕는다
마지막 단을 드는 순간 나는 엄마야 소리지르며 줄행랑을 친다
볏단 맨 아래에 굴을 파고 있는 쥐들
눈도 제대로 못 뜨는 새끼들이 고물고물거린다
동네 아저씨들과 오빠들 손에서 돌리고 있는 벼가 나락으로 떨어진다

소달구지에 볏 가마를 척척 싣는다

8-3번의 굴에서 보석은 발견되지 않았다
도굴자들의 눈을 피하기 위해서 표시 되어진 원산굴에서
아버지의 일곱 개의 보물들이 발견되었다
수치상의 모험을 불러일으킨 전 씨들의 탐험은 계속된다

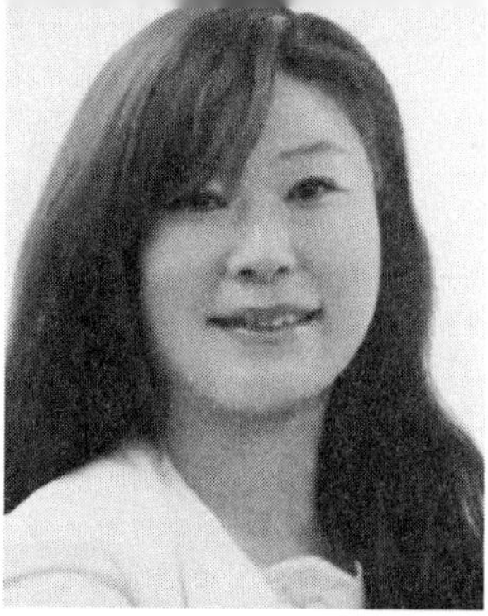

덕유산처럼 외 2편

조 은 숙

중학교 동창들이 덕유산으로 모였다
흰 눈을 밟으며 옛 수학여행 시절로
돌아갔다

필자처럼 홍공주
언순처럼 언공주
소주를 마시고

유기처럼 어린왕자
순자처럼 거울공주
희숙처럼 인어공주
또 한 잔 마시고

향필처럼 까칠공주
재만처럼 신갈의 멋쟁이
호국처럼 산사나이
덕현처럼 의리의 사나이
그리고 또 마시고

덕유산의 밤은 그렇게 깊어갔다

사랑 · 2

이녁,
소리 지르고 싶어 어찌 거기 누워 있니껴
나와서 소리 한번 질러 보소

파릇한 스님 머리 같은 산소를 바라보며
흐느끼시던 어머니

떠났어도 사랑이어라

훙내

구월 바람이 스산하던 산사 둘레길을 거닐던 날
친구에게서 문자가 왔다

스님이 도인 같다고, 머리를 깎으라 하신다고
그래서 머리를 한 번 깎아볼까 고민 중이라고…

이 사람아,
꼭 머리를 깎아야만 도인인가
자넨 지금도 충분히 도인일세
누구나 부처가 될 수 있고 내가 곧 부처라고
스님이 말하지 않는가

방하착, 내려놓으라
일본 유학까지 갔다 와서도 안동에서 농사짓는 친구도
내려놓는 흉내를 내고
나 또한 둘레길을 걸으며
뒷짐 진 스님 흉내를 낸다

신호등 외 2편

한 상 현

어찌 청색불만 있으랴
적색불도 비보호 좌회전도 있다
삶도 그렇다
순탄한 길 굴곡진 길
막다른 길에서 돌아가는 길
산다는 건 멈출 수 없는 시계처럼
가야만 하는 길이다
새들은 둥지를 지을 때
바람이 몹시 세차게 부는날 둥지를 짓는다
태풍에도 폭풍우에도 견딜 수 있는
튼튼한 집을 짓기 위해서다
하늘은 가끔 가시밭길을 준다
생선이 소금에 절임을 당하고
얼음이 냉장을 당하는 고통이 없다면
썩을 뿐이다
세상이라는 풍랑에 어떤 집을 지어야 하는지
주춧돌은 화강암인지 현무암인지
벽돌집인지 한옥집인지

가을 자화상

손이라도 베일 듯 시린 하늘을 본다
가을 유혹에 어리석은 되새김질을 한다
어디론가 떠나고 싶지만
상상하는 것이 더 좋을 때가 있다
산등성이에 안개비가 내려 앉을 때
커피 향기가 그녀보다 더 좋을 때
단풍에 물든 바람이 사색을 할 때
끝없이 펼쳐지는 상상 속에서도
나는 늘 외로웠다
가슴 깊숙이 정체를 알 수 없는 그 무엇
나는 내 안에 웅크리고 있는 그 무엇을
구름이 내려앉은 산골에서 만난다
오후는 언제나 나 했다
혼자서 침묵과 그것을 에워싼
햇살만이 유일한 친구였다
미지근한 공기가 시큼하게 취하게 한다
비웠다 내려놨다 생각은 생각 뿐
목말라 갈구하며 그 무엇인가를 찾아
가슴앓이를 한다
세상과 동화하지 못 한 나는 스스로에 갇혀

방관자적 이방인이었다
긴 어둠속에서 맑은 햇살 한 오라기 고개를 든다
나는 비로소 자유를 찾는다

기러기에게 길을 묻다

차들이 고속도로를 걸어간다
자전거 길인지 달구지 길인지
길이 차를 움켜쥐고 놓을 줄 모른다
허접한 자화상에 야생화 한 송이 심는다
말간 하늘이 붉게 노을꽃 피운다
애 끓는 처량가를 부를 것인가
피 토하는 단심가를 부를 것인가
보고 싶다는 말로는
그립다는 그런 말로는
그저 하늘에 점 하나 찍을 뿐이다
썰렁한 가슴은 애잔한 울음 날리고 있는데
꽉 막힌 고속도로는 언제 뚫릴 지 기약이 없다
어둠이 몰려온다
기러기 두 마리 정답게 날아간다
어느 길 어느 곳으로 가야 하는지
기러기에게 길을 묻는다
네가 나를 내가 너를
사랑하고 사랑받는다는 것은
느낌표에게 물음표 날리는 것이리라
사랑한다는 것은
내가 나를 찾아가는 길이다

퇴행성관절염 외 2편

한 성 춘

이젠 달리면 안 됩니다
무릎이 퇴행성관절염이 시작돼 더 달리면
다리를 쓸 수 없을지도 모릅니다
절벽 같은 의사의 말에 세상의 모든 것이 무너진다
그간 내게 달리기는 종교행사였고 참선과정이었다
끊임없는 성찰이고 끝없는 신명의 원천이었다
아, 이제는 달리기를 멈추어야 하는구나
세월의 무게를 피해갈 수 없구나
세상에는 의욕만으로 안 되는 일도 많지
그래도 달려야지
마음으로 선의 비탈을 달려가 봐야지
눈으로 노을의 중심부를 뚫고 달려가 봐야지
그래서 아름다운 시를 써야지
아직도 많이 남은 인생을 달려봐야지

퇴행성관절염
이제 나는 별이라 불리는 시의 행성으로 퇴장한다
관은 더 이상 필요치 않다
절제와 염원을 담아

서울대공원 새벽풍경

매일 새벽 나는 대공원 호수를 한 바퀴 돈다
그럴 때면 길가의 풀들은 아침이슬을 머금은 채 싱그러운 미소로 반겨준다
가지런하게 잘 자란 잔디는 고개 숙여 절을 한다
미풍을 머금은 느티나무도 반갑게 달려나온다
충분한 햇볕을 받아 잘 익은 단풍잎은 제 고향으로 돌아갈 채비에 분주하다
목이 길어 외로웠던 코스모스는 어느 듯 늙어 뿌리가 뽑혀져 있다
별 둘이 회색 하늘 저 구석에서 늦은 귀가를 서두른다
오늘도 나왔느냐 반갑게 인사하면 나도 씩 웃어준다
안개가 자욱이 피어오른다
오늘 낮 늦더위가 예사롭지 않을 것 같다
동물원에서는 동물들의 이른 아침 합창소리가 힘차다
하늘, 별, 나무 그리고 호수가 그린 한 폭의 서울대공원
새벽풍경화는 전시시간이 이르다

귀천시비 앞에서

천상병 시인의 추모제에 다녀왔다
시인은 말한다
"아름다운 이 세상 소풍 끝내는 날
가서, 아름다웠다고 말하리라"

나는 보았다
많은 사람들이 시비 앞에서 시인을 추모하고
그의 시세계를 그려보고 있는 것을
시인이 노래한 아름다운 이 세상 소풍은 아직 끝나지 않은 것을
시인의 시가 있고 시비가 있고 추모제가 있는 한
시인의 아름다운 이 세상 소풍 영원히 이어질 것을

로망의 책 외 2편

한 지 영

태양이 문을 닫으면 나는 그녀의 품으로 파고든다
하루하루 2보를 200보로 종종이는 그녀에게 다독다독
화색이 돌게 하는 나는 그녀의 오로지로 산지 오래다
나는한 겹 한 겹 옷을 벗으며 속살을 드러내 그녀를 신천지로 데려간다
나의 팔색조의 근육질을 좋아하는 그녀가 미치도록 좋다
그녀의 눈에 매달린 불청객을 쫓는 파수꾼도 불사한다
나는 그녀가 한 눈을 팔 때면 번개를 불러 동창들을 감전시키고
요술 신발을 신겨 희로애락 멋진 밤을 보낸다
나는 언제부터인가 그녀의 스토커가 되어
벌건 대낮에도 반경 그녀만 따라 다닌다
그녀의 일터 조력자들 따가운 눈총이 가시로 찌른다
눈치 없이 기린이 된 나는 까만 눈을 굴리며 바라기를 한다
외출을 할 때면 그녀의 허리를 휘감으며 룰루랄라 동행에 나선다
찰떡궁합 나의 동반자 나는 그녀를 떠나서 살 수가 없다
그녀와 시도 때도 없이 뒹굴 수는 없나요?
매일매일 알몸이 되어
내 몸에 총총히 박힌 검은 속살의 매력을
그녀에게 보여 줄 수는 없나요
그녀의 영원한 로망이고 싶거든요

내가 나무속에 들어간다면

내가 나무속에 들어간다면
나는 '지혜의 나무'란 이름으로 문패를 걸 거야

모두에게 빛이 되어주며
사람들로 장사진을 이루게 할 거야

나쁜 짓을 하고 내 등 뒤로 숨어들면
착한 지혜를 꽁꽁 심어줄 거야

지혜의 치료사가 되어 모두가 행복하게
쉬어가게 할 거야

그네들이
아파서 울면 같이 울 거야

지혜롭고 예쁜 얼굴을 만들어주는
이런 난 참 행복할 거야

꽃들의 말

우리는 그녀와 같이 한 공간에 살고 있답니다
넓은 저택에서 아름다운 대가족이 모여 살고 있지요
저마다 명찰들을 달고 초롱초롱 예쁜 자태를 뽐내고 있답니다
우리 집에는 위계질서를 잡는 그녀는 대장이지요
목이 마르면 물을 주고 몸이 더럽거나 더위에 지치면 목욕도 시켜 주지요
추위에 몸을 움츠릴 때면 불을 지펴 따뜻하게도 해주지요
보듬고 쓰다듬으며 건강을 정성껏 돌봐주며
인연이 나타나면 연지 곤지 예쁘게 찍어 시집도 보내 준답니다
그렇지만, 말을 듣지 않고 몸을 망가뜨리거나 추하게 굴면 사정없이 추방이라는 형벌을 내린답니다
우리들의 생사를 쥐고 통솔하는 그녀가 가끔은 무섭기도 하지요
그래도, 그녀는 몸속에 영양도 듬뿍듬뿍 넣어주며 식구들 부양을 아끼지 않는 인심 좋은 우리 대장이랍니다
우리는 그녀의 고마움을 알고 신선한 산소와 향긋한 향기로 답한답니다
또 시집을 갈 때는 감사의 인사도 아끼지 않는 매너도 있답니다
요즘은 행여 말썽 피우는 식구가 그녀 눈에 띌까 노심초사랍니다
그녀가 잠시나마 쉴 수 있는 마음의 여유를 갖도록 해주기 위해서지요

오랜 세월 많은 고생을 시켰기 때문이랍니다
오늘은 그녀에게 살짝 다가가 한 줌의 싱그러운 보너스를 코끝에 매달아 주며
어깨를 토닥여 줍니다

고려대학교 평생교육원 시창작과정
2015년 2학기 엔솔로지 6집

달리는 미술관

초판인쇄일 2016년 1월 28일
초판발행일 2016년 2월 03일

지은이 : 김매절 외
펴낸곳 : 도서출판 문학공원
발행인 : 김순진
편집장 : 전하라
디자인 : 김초롱
등 록 : 2004년 3월 9일 제6-706호
주 소 : 우편번호 03382 서울 은평구 통일로 633
녹번오피스텔 501호 스토리문학사
전 화 : 02-2234-1666
팩 스 : 02-2236-1666
홈페이지 : http://cafe.daum.net/yob51
이메일 : 4615562@hanmail.net